연세 한국어 2-1

연세대학교 한국어학당 편

연세대학교 대학출판문화원

연세 한국어 **2-1**(영어판)

편저자 연세대학교 한국어학당 교재편찬위원회
집필진 김제열 • 전나영 • 이은경 • 장유진
발행 연세대학교 대학출판문화원
ysup@yonsei.ac.kr
http://www.yonsei.ac.kr/press

주소 서울시 서대문구 연세로 50
전화 02) 2123-3380~2
팩스 02) 2123-8673
등록 1955년 10월 13일 제9-60호
인쇄 (주)동국문화
본문 더그라프
삽화 디투웍스
녹음 (주)반도음반
성우 곽윤상 • 윤미나 • 전광주 • 홍소영

2013년 3월 5일 1판 1쇄 2019년 9월 25일 1판 13쇄
ISBN 978-89-97578-74-0(08710)
ISBN 978-89-97578-73-3 (세트)

값 20,000원 (CD포함)

PREFACE

Having the highest reputation in the Korean Language Education for more than 50 years, the Korean Language Institute of Yonsei University Language Research and Education Center has compiled a huge amount of textbooks to enhance the quality of the Korean Language Education. Recently, the demand for the Korean language has been increased by foreigners around the world as well as Koreans living out of the nation. For this reason, the demand of the learners about textbooks has become diverse, too. Therefore, the Korean Language Institute of Yonsei University Language Research and Education Center publishes a new set of textbooks for the various learners to learn the Korean Language and Korean culture.

The textbooks published by the Korean Language Institute of Yonsei University Language Research and Education Center are classified into three parts: 'Yonsei Korean 1' and 'Yonsei Korean 2' for beginners, 'Yonsei Korean 3' and 'Yonsei Korean 4' for intermediates, and finally 'Yonsei Korean 5' and 'Yonsei Korean 6' are for advanced learners. Each book is composed to develop the communicative function which is required according to the capability of the Korean usage.

This set of 'Yonsei Korean' is an integrated textbook, made up of various kinds of tasks and activities as well as focused practices of vocabulary and grammar to enhance all of the four communicative skills like listening, speaking, reading and writing. Based on the interesting topics and situations, learners can learn Korean, performing a lot of communicative functions.

We strongly believe that the 'Yonsei Korean' would be very helpful to all of the Korean learners hoping to master the Korean language as well as those in the Korean Language Institute of Yonsei University Language Research and Education Center.

Yonsei University Language Research and Education Center
Korean Language Institute
Compilation Committee

일러두기

- '연세 한국어 2'는 한국어를 배우려는 성인 교포와 외국인을 위한 기초 단계의 책으로 초급 단계에서 꼭 알아야 할 주제를 중심으로 썼으며 이와 함께 필수적인 어휘와 문법, 문화와 사고방식을 소개함으로써 한국에 대한 이해를 넓히고자 하였다. 내용은 총 10개의 과로 이루어져 있으며, 각 과는 5개의 항으로 이루어져 있다.

- '연세 한국어 2'에는 8명의 주요 인물들이 등장하며 이들 등장인물들의 일상생활을 중심으로 본문의 대화 내용을 구성하였다.

- 교재의 구성은 과 제목과 함께 과의 내용을 제목 밑에 표로 제시하였는데, 표에는 각 항의 제목과 기능, 어휘, 문법, 문화를 제시하여 각 과에서 다룰 내용을 한 눈에 알아보기 쉽게 하였다. 그리고 마지막 항은 복습에 해당하는 항으로 '정리해 볼까요?'라는 이름으로 그 과에서 다룬 발음, 어휘, 문법, 기능 등을 복습할 수 있도록 하였다. 문화 부분은 각 과의 내용과 관련된 내용을 선정하여 '리에가 본 한국'이라는 이름으로 외국인의 눈에 비친 한국의 문화를 가볍게 설명하는 식으로 다루었다.

- 각 과의 제목은 주제에 해당하는 명사로 제시하였으며, 각 항의 제목은 본문 대화 부분에 나오는 중요 문장으로 제시하였다.

- 각 항은 제목, 학습 목표, 삽화와 도입 질문, 본문 대화, 어휘, 문법 연습, 과제, 대화 번역, 문법 설명의 순서로 구성되어 있다.

- 학습 목표에는 학습자들이 학습해야 할 의사소통적 기능과 어휘, 문법을 제시하였다.

- 도입 질문은 주제와 기능을 쉽게 이해할 수 있는 삽화와 함께 제시하여 학습자로 하여금 주제와 기능에 대한 흥미와 호기심을 가질 수 있도록 하였다.

- 본문 대화는 각 과의 주제와 관련된 가장 전형적이고 대표적인 대화 상황을 설정하고자 하였으며 각각 3개의 대화쌍으로 구성하였다.

- 어휘는 각 과의 주제나 기능과 관련된 어휘 목록을 선정하여 제시하고 연습 문제를 통해 확인하도록 하였으며, 과제에 나오는 새 단어는 과제 밑에 번역을 붙였다. '연세 한국어 2'에서 새로 다룬 단어는 903개이다.

- 문법 연습은 각 과에서 다루어야 할 핵심 문법 사항을 각 항마다 2개씩 추출하여 연습 문제의 형태로 제시하였다. 그리고 문법 설명 부분에서 해당 문법에 대해 설명하고 예문을 제시하였다.

- 과제는 학습 목표에서 제시한 의사소통 기능에 부합되는 것으로 각 항마다 2개를 제시하였다. 특히 과제 1은 각 항에서 다룬 주요 문법을 활용하여 기능과 관련된 활동을 하는 것이고, 과제 2는 어휘나 문법적 통제 없이 핵심 기능을 총체적으로 수행하는 활동으로 구성하였다. 과제에서는 말하기, 듣기, 읽기, 쓰기의 네 기능을 적절히 제시하였다.

- 각 항의 마지막 부분에는 대화 번역문과 문법 설명을 제시하였다.

- 문화는 각 과의 끝 부분에 실었는데 일본인 리에가 한국의 문화를 간단히 설명하는 식으로 기술하였다. 또 자기 나라의 문화와 비교해 보거나 자신의 경우를 말하게 하는 등 지식에 그치지 않고 스스로에게 적용해 볼 수 있도록 하였다.

- 색인에서는 각 과에서 다룬 문법과 어휘를 가나다 순으로 정리하였으며 해당 본문의 과와 항을 함께 제시하였다.

INTRODUCTION

- 'Yonsei Korean 2' is a basic level textbook for foreigners and adult overseas Koreans. As such, its contents are based on topics essential in elementary level. Also, by introducing essential vocabularies, grammar, and Korean culture and the Korean way of thinking, we attempted to extend the understanding of Korea. It is composed of 10 units and each unit contains 5 lessons.
- There are 8 main characters appear in 'Yonsei Korean 2' and dialogues are related to the everyday life of these characters.
- Table of contents is presented below the title of each unit. Table of contents shows the title, vocabulary, grammar, task, and culture so that students can have a good grasp of what is to be studied. The last lesson of each unit is 'Let's Review.' It is a review of pronunciation, vocabulary, grammar, and function covered in the unit. In the 'Culture' section, topics related to each unit are presented. Korean culture from the view point of foreigners is easily explained under the title of 'Korea as Rie sees it.'
- The title of each unit is a noun related to the content. The title of each lesson is a topic sentence from the dialogue.
- Each lesson is composed in the order of the title, objectives, illustration and introductory questions, dialogue, vocabulary, grammar practice, task, dialogue translation and grammar explanation.
- The objectives of each unit introduce the communicative functions, vocabularies, and grammars, which are to be studied.
- Introductory questions are presented along with a picture that helps student understand the topic and functions to promote the interest and motivation to the topic and functions of each unit.
- For dialogues, we attempted to choose the most typical and representative situation related to the topic of the unit. Dialogues of each lesson are composed of 3 question-and-answer sets.
- Vocabulary list related to the topics and functions of each unit is provided along with the practice questions for check-up. New words from the task section is translated separately below the task. Vocabulary covered in 'Yonsei Korean 2' is 903 words.
- In 'Grammar Practice', the core grammar of the lesson is presented. Two grammatical patterns of each lesson are presented through simple exercise questions. In 'Grammar Explanation', each pattern is explained along with example sentences.
- Task is composed of activities adequate for each lesson's communicative objectives. Two related task activities are presented for each lesson. Task 1 is to elicit the actual usage of the core grammars through activities related to the functions. Task 2 is composed of activities which encourage students in overall practice of core functions without the control-quidance of vocabularies or grammars. In task section, functions of speaking, listening, reading, and writing is combined to the purpose.
- English translation of the dialogues and script for listening practice is presented in the end of each lesson.
- Korean cultural information is treated in the end of each unit. It is presented in a way that, Rie, a Japanese student, gives a simple explanation of Korean culture. We encouraged students to make the comparison with his/her home culture and to talk about his/her own situation for the actual use of the knowledge.
- Index presents the list of vocabulary covered in each units in alphabetical order, including the page number in which they are used.

차례

2-1

2-2

CONTENTS

2-1

2-2

내용 구성

제목	소제목	과제	어휘	문법	문화
01 소개	도움이 필요하면 언제든지 말씀하세요	공식적인 자리에서 소개하기	직장 관련 어휘	-기 때문에 이든지	촌수
	이 회사에서 일한 지 얼마나 되셨습니까?	개인적인 자리에서 소개하기	전공 관련 어휘	-은 지 -는데[1] (+의문형)	
	이젠 한국 생활에 많이 익숙해졌습니다	친구, 가족 소개하기	친척 관련 어휘	-어지다[1] -으려고	
	가족도 만나고 친구들도 만나서 좋았겠군요	고향 소개하기	장소 관련 어휘	-어하다 -겠군요	
02 한국 음식	설렁탕을 먹어 봤어요?	음식 먹는 법 설명하기	식사 관련 어휘	-어 보다[1] (경험) -어야 하다	한국의 장맛
	닭갈비를 먹어 본 적이 있어요?	음식 소개하기	음식 이름 어휘	-은 적이 있다 -는데[2] (도입)	
	김치찌개는 어떻게 만들어요?	요리법 설명하기	요리 관련 어휘	부터 -게	
	밥그릇을 들고 먹으면 안 돼요	식사 예절을 알고 말하기	상차림 관련 어휘	-어도 되다 -으면 안 되다	
03 시장	물건이 좋기는 하지만 값이 너무 비싸요	백화점에서 물건사기	백화점 이용과 관련된 어휘	-을까 하다 -기는 하지만	한국의 시장
	이거 입어 봐도 돼요?	시장에서 물건사기	옷의 종류와 특징 관련 어휘	-어 보다[2] (시도) -는데[3] (+명령형)	
	계산은 카드로 하겠습니다	슈퍼마켓에서 물건사기	생활필수품 관련 어휘	으로 하다 -어도	
	광고를 보니까 10만 원짜리가 좋을 것 같아요	물건 주문하기	축하 선물 관련 어휘	-으니까(발견) -었으면 좋겠다	
04 초대	몇 명만 초대해서 저녁이나 같이 먹으려고 해	생일에 초대하기	생일 파티 관련 어휘	반말: -어, 이야 이나[1] (+동사)	특별한 날의 선물
	같이 초대할지 따로 초대할지 결정해	집들이에 초대하기	집 관련 어휘	반말: -지 마 -을지 -을지	
	결혼 준비 때문에 바쁘겠구나	결혼식에 초대하기	결혼식 관련 어휘	반말: -는다, -니?, -어라, -기로 하다	
	꽃다발은 내가 사 가지고 갈게	모임에 초대하기	모임 관련 어휘	반말: -자 -어 가지고	
05 교통	놀이 공원에 어떻게 가는지 아세요?	교통편 묻기	교통편 관련 어휘	-는지 알다/모르다 으로(선택)	서울의 버스
	경복궁역에 가려면 몇 번 버스를 타야합니까?	버스 이용하기	버스 관련 어휘	-으려면 이나[2]	
	밖으로 나갔다가 다시 들어오셔야 합니다	지하철 이용하기	지하철 관련 어휘	-었다가 -나요?	
	가까워 보이는데 버스를 타야 합니까?	길 묻기	교통 표지판 관련 어휘	-어 보이다 -다가	

제목		소제목	과제	어휘	문법	문화
06	공공 기관	한국 종교에 대해서 알아보려고 왔어요	도서관 이용하기	도서관 관련 어휘	에 대해서 -을지 모르겠다	출입국관리 사무소
		지난주에 비해서 조금 떨어졌어요	은행 이용하기	은행 관련 어휘	-는 동안 에 비해서	
		비싸지 않습니다만 보험에 들게요	우체국 이용하기	우체국 관련 어휘	-거나 -습니다만	
		재학 증명서를 내지 않으면 안 돼요	출입국관리 사무소 이용하기	출입국 관련 어휘	-어 있다 -지 않으면 안 되다	
07	전화	연극을 보자고 하는데 같이 갈래요?	전화로 약속하기	통화 관련 어휘	간접인용: -자고 하다 -을래요?	재미있는 전화번호
		전화해서 어디냐고 물어봐야겠다	전화 내용 듣기	휴대 전화 관련 어휘	간접인용: -는다고 하다, 이라고 하다, -냐고 하다 -어야겠다	
		약속을 지키지 못하게 되었어요	전화로 약속 취소하기	약속 관련 어휘	-게 되다 간접인용: -으라고 하다	
		돌아오는 대로 전화 좀 해 달라고 전해 주세요	메시지 남기기	음성메시지 관련 어휘	-는 대로 간접인용: 달라고/주라고 하다	
08	병원	낫지 않으면 다시 오세요	배탈 증세 말하기	배탈 증세 관련 어휘	에다가 ㅅ 동사	병문안
		목이 아픈데다가 콧물도 나요	감기 증세 말하기	감기 증세 관련 어휘	-는 데다가 -지 말고	
		약을 사기 위해서는 처방전이 있어야 합니다	약국 이용하기	약 관련 어휘	-기 위해서 아무	
		환자가 얼마나 많은지 몰라요	병원 이용하기	병원 관련 어휘	얼마나 -는지 모르다 -나 보다	
09	여행	지난 여름에 갔던 동해 바다가 제일 기억에 남아요	여행 경험 말하기	여행의 종류 관련 어휘	밖에 -었던	한국의 관광지
		경주는 신라의 수도였지요?	여행 계획하기	여행 준비 관련 어휘	의 -던	
		저희 호텔만큼 전망 좋은 호텔은 없습니다	여행 예약하기	예약 관련 어휘	만에 만큼	
		저는 겨울에 갔는데 한국보다 따뜻하더군요	여행지 추천하기	여행지 관련 어휘	-어서 그런지 -더군요	
10	집안일	보증금은 적으면 적을수록 좋습니다	집 구하기	집 구하기 관련 어휘	접속사 -으면 -을수록	쓰레기 분리
		포장이사를 하면 아무 일도 안 하는 줄 알았어	이사 계획하기	이사 관련 어휘	-는 줄 알다 처럼	
		음악을 들으면서 청소할까?	집안일 설명하기	집안일 관련 어휘	덕분에 -으면서	
		화요일까지 해 드릴 테니까 그때 오세요	세탁소 이용하기	세탁소 관련 어휘	-어지다[2] -을 테니까	

CONTENTS MAP

Topic		Title	Task	Vocabulary	Grammar and Patterns	Culture
01	Introduction	Tell me whenever you need a help.	Introducing a person in an official occasions.	Job-related vocabularies	–기 때문에 이든지	Family relations
		How long have you been working at this company?	Introducing a person in a private occasions.	Major- related vocabularies	–은 지 –는데[1] (+interrogative)	
		I am used to Korean life now.	Introducing friends, and family.	Family- related vocabularies	–어지다[1] –으려고	
		It must have been good that you met your family and friends.	Introducing hometown	Place-related vocabularies	–어하다 –겠군요	
02	Korean Food	Have you eaten Sulreontang?	Describing how to eat food	Meal-related vocabularies	–어 보다[1] (experience) –어야 하다	Taste of Korean Sauce
		Have you ever eaten Takgalbi?	Introducing food	Food name -related vocabularies	–은 적이 있다 –는데[2] (introduction)	
		How to make Kimchichigae?	Explaining recipe	Recipe-related vocabularies	부터 –게(adverb)	
		You should not hold a rice bowl up when eating.	Understanding table manner and talking about it	Table setting-related vocabularies	–어도 되다 –으면 안 되다	
03	Market	Things are good but it is too expensive.	Buying at a department store	Visiting department store -related vocabularies	–을까 하다 –기는 하지만	Korean Market
		Can I try it on?	Buying at a market	clothing types and characteristics-related vocabularies	–어 보다[2] (trial) –는데[3] (+imperative)	
		I'll pay by card.	Buying at a supermarket	The necessities -related vocabularies	–으로 하다 –어도	
		I guess 100,000 won one would be good from the advertisement.	Ordering items	Congratulation gifts -related vocabularies	–으니까(discovering) –었으면 좋겠다	
04	Invitation	I would like to invite a couple of friends to dinner.	Inviting to your birthday party	Birthday Party -related vocabularies	Intimate Style: –어, 이야 이나[1] (+action verb)	Gift for Special Occasions
		You should decide whether to invite then together or seperately.	Inviting to your house warming party	House -related vocabularies	Intimate Style: –지 마 –을지 –을지	
		You should be busy preparing for your wedding.	Inviting to your wedding	Wedding -related vocabularies	Intimate Style: –는다,–니?, –어라, –기로 하다	
		I'll buy a bunch of flowers.	Inviting to your meeting	Meeting occasions -related vocabularies	Intimate Style: –자 –어 가지고	
05	Transportation	Do you know how to get to the amusement park?	Asking transportation	Traffic-related vocabularies	–는지 알다/모르다 으로(selection)	Buses in Seoul
		Can you tell me which bus number should I take to go Kyeongbokgoong?	Using bus	Bus-related vocabularies	–으려면 이나[2]	
		You have to go outside and enter again.	Using subway	Subway-related vocabularies	–었다가 –나요?	
		It looks close. Do I have to take a bus?	Asking directions	Sign board-related vocabularies	–어 보이다 –다가	

Topic	Title	Task	Vocabulary	Grammar and Patterns	Culture
06 Public Facility	I came to know about religions in Korea.	Using library	Library-related vocabularies	에 대해서 -을지 모르겠다	Immigration Office
	It dropped a little than the last week.	Using bank	Bank-related vocabularies	-는 동안 에 비해서	
	They are not expensive but I'd like to get insurance.	Using post office	Post office-related vocabularies	-거나 -습니다만	
	You must submit your certificate of studentship.	Using Immigration Office	Immigration-related vocabularies	-어 있다 -지 않으면 안 되다	
07 Telephone	They proposed to go to a play, would you like to come?	Making appointment through telephone	Phone call-related vocabularies	Indirect Speech:-자고 하다 -을래요?	Interesting Phone Numbers
	I should call and ask where she is.	Listening to a phone conversation	Mobile phone-related vocabularies	Indirect Speech: -는다고 하다, -이라고하다, -냐고 하다 -어야겠다	
	I won't be able to keep our appointment	Cancelling appointment through phone	Appointment-related vocabularies	-게 되다 Indirect Speech: -으라고 하다	
	Can you pass her a message to call me back as soon as she returns?	Leaving a message	Voice mail-related vocabularies	-는 대로 Indirect Speech: -달라고/주라고 하다	
08 Hospital	Come back if it doesn't get better.	Explaining your symptoms related to stomachache	Stomachache-related vocabularies	에다가 ㅅverb	Visiting Sick People
	I have a sore throat and a running nose as well.	Explaining your symptoms related to cold	Cold and flu-related vocabularies	-는 데다가 -지 말고	
	You have to have a prescription to buy medicine.	Going to a pharmacy	Medicine-related vocabularies	-기 위해서 아무	
	You wouldn't know how many patients he has.	Going to hospital	Hospital-related vocabularies	얼마나 -는지 모르다 -나 보다	
09 Traveling	I remember the East Sea the most where I went last summer.	Talking about travel experiences	Kinds of travelling	밖에 -었던	Tourist Destinations in Korea
	Gyeongju was the capital city of Shila, wasn't it?	Planning for traveling	The preparation for traveling-related vocabularies	의 -던	
	There isn't any better place with a nice view as our hotel.	Making a reservation for traveling	Reservation-related vocabularies	만에 만큼	
	I went there in winter but it was warmer than Korea.	Suggesting traveling places	Travel places-related vocabularies	-어서 그런지 -더군요	
10 House Chores	The smaller key money as possible is the better.	Finding a house	Finding a house -related vocabularies	conjunction -으면 -을수록	Separate Garbage-Collection
	I thought we don't do anything when we call a moving company.	Planning to move	Moving-related vocabularies	-는 줄 알다 처럼	
	Should we clean our house while listening to the music.	Explaining house chores	House chores-related vocabularies	덕분에 -으면서	
	I'll get your laundry done by Tuesday so please come then.	Using a laundromat.	Laundromat-related vocabularies	-어지다^2 -을 테니까	

나 오 는 사 람

톰슨 제임스
미국 기자

요시다 리에
일본 은행원

제임스의 하숙집 친구

츠베토바 마리아
러시아 대학생

제임스의 반 친구

왕 웨이
중국 회사원(연세무역)

제임스의 반 친구

김미선
한국 대학원생

마리아의 방 친구/민철의 여자 친구

정민철
한국 여행사 직원

미선의 남자 친구

이영수
한국 대학생

제임스와 리에의 하숙집 친구

오정희
한국 회사원(연세무역)

웨이의 회사 동료

제1과 소개

01
제목 | 도움이 필요하면 언제든지 말씀하세요
과제 | 공식적인 자리에서 소개하기
어휘 | 직장 관련 어휘
문법 | -기 때문에, 이든지

02
제목 | 이 회사에서 일한 지 얼마나 되셨습니까?
과제 | 개인적인 자리에서 소개하기
어휘 | 전공 관련 어휘
문법 | -은 지, -는데' (+의문형)

03
제목 | 이젠 한국생활에 많이 익숙해졌습니다
과제 | 친구, 가족 소개하기
어휘 | 친척 관련 어휘
문법 | -어지다', -으려고

04
제목 | 가족도 만나고 친구들도 만나서 좋았겠군요
과제 | 고향 소개하기
어휘 | 장소 관련 어휘
문법 | -어하다, -겠군요

05
정리해 볼까요?

- 리에가 본 한국
  촌수

01 도움이 필요하면 언제든지 말씀하세요

학습 목표 ● 과제 공식적인 자리에서 소개하기 ● 문법 -기 때문에, 이든지 ● 어휘 직장 관련 어휘

여기는 어디입니까?
두 사람이 무슨 이야기를 합니까?

CD1:01~02

양견 처음 뵙겠습니다. 중국에서 온 양견입니다.

정희 말씀 많이 들었습니다. 저는 오정희입니다.

양견 무역 회사 일이 처음이지만 열심히 하겠습니다.

정희 모두 친절한 분들이기 때문에 잘 가르쳐 주실 거예요.

양견 잘 부탁합니다.

정희 도움이 필요하면 언제든지 말씀하세요.

무역 trade
부탁하다 to ask for a favor
도움 help
필요하다 to need

어휘

01 여러 회사가 있습니다.

무역 회사

신문사

여행사

증권 회사

항공사

잡지사

02 어느 회사에서 일하면 좋겠습니까?

1) 저는 경제학을 공부했습니다.
전에 은행에서 일했습니다. (　　　　　　)

2) 저는 여행을 좋아합니다.
지금까지 세계 여러 나라를 여행했습니다. (　　　　　　)

3) 저는 글쓰기가 재미있습니다.
제가 보고 들은 이야기를 쓰고 싶습니다. (　　　　　　)

문법 연습

–기 때문에

01 그림을 보고 대답하십시오.

[보기]

가 : 요즘 어떻게 지내세요?
나 : 방학이기 때문에 한가합니다.

❶

가 : 일하기가 어때요?
나 : ______________________

❷

가 : 왜 이렇게 음식을 많이 준비했어요?
나 : ______________________

❸

가 : 이 식당에는 언제나 손님이 많군요.
나 : ______________________

❹

가 : 웨이 씨가 왜 여자들에게 인기가 많아요?
나 : ______________________

❺

가 : 마리아 씨가 하루 종일 말을 안 하는데 무슨 일이 있어요?
나 : ______________________

이든지/든지

02 대화를 완성하십시오.

[보기] 가 : 언제 만날까요? (언제)
나 : 언제든지 좋습니다.

1) 가 : 무슨 음식을 잘 드세요? (뭐)
나 : ____________________

2) 가 : 어디에 가고 싶어요 ? (어디)
나 : ____________________

3) 가 : 조금 더 먹을 수 있어요? (얼마)
나 : ____________________

4) 가 : 몇 시쯤 전화하면 통화할 수 있습니까? (언제)
나 : ____________________

5) 가 : 이 학교 학생들만 운동장을 이용할 수 있어요? (누구)
나 : ____________________

과제 1 쓰고 말하기

01 친구들과 인사를 하십시오.

	보기	나
사는 곳	수원	
학교에 오는 방법	지하철	
자주 먹는 음식	불고기	
자주 쇼핑하는 곳	신촌 시장	
자주 공부하는 곳	도서관	

[보기] 저는 이모가 수원에 사시기 때문에 수원에 삽니다.
아침에는 버스가 복잡하기 때문에 지하철을 탑니다.
맵지 않기 때문에 불고기를 자주 먹습니다.
싸고 구경할 것이 많기 때문에 신촌 시장에서 자주 쇼핑을 합니다.
그리고 시원하고 조용하기 때문에 도서관에서 자주 공부합니다.

(나)

과제 2 말하기

01 여러 사람들 앞에서 자기를 소개해 봅시다.

처음 뵙겠습니다.
저는 중국에서 온 양견입니다.
지금 한국에 있는 무역 회사에서 일합니다.
일도 하고 공부도 하기 때문에 아주 바쁩니다.
취미로 주말에 자전거를 탑니다.
여러분도 주말에 시간이 있으면 언제든지 같이 탑시다.
앞으로 재미있게 공부합시다.

앞으로 in the future

Dialogue

Yanggyun How do you do? I am Yanggyun from China.
Jeonghee I've heard a lot about you.
I am Oh, Jeonghee.
Yanggyun This is my first time working in a trading company but I'll endeavour to do my best.
Jeonghee Everyone in this company is kind, so they will teach you what to do.
Yanggyun That would be great.
Jeonghee If you need any help, please contact me at any time.

문법 설명

01 –기 때문에

It is used with a verb showing a 'reason' only when the causes and effects are definite. It is often used in a written form rather than in spoken language. It cannot be used in an imperative nor in a propositive sentence.

- 다른 사람들과 같이 일하기 때문에 힘들지 않습니다. — I don't find it difficult because I am working with others.
- 큰 수술을 했기 때문에 움직일 수 없어요. — I cannot move properly because I had a major operation.

It is also used to express comparison or emphasis. noun+copula 이다 can be used together with this pattern.

- 저는 외국인이기 때문에 한국말을 잘 못합니다. — I am a foreigner so I cannot speak Korean very well.

• 지금은 수업 시간이기 때문에 전화를 받을 수 없습니다.	It is now class time so I cannot receive phone calls.

This form can also be used with a noun.

• 아이들 때문에 행복합니다.	I am happy because of my children.
• 날씨 때문에 기분이 안 좋아요.	I don't feel well because of the weather.

02 이든지/든지

It is used with an interrogative form like '언제, 어디, 누구, 무엇, 얼마 등: when, where, who, what and how many, ect' to mean that the action or the state is not limited or selected.

• 아침은 언제든지 7시에 먹어요.	I always eat breakfast at 7.
• 필요하면 얼마든지 가져 가세요.	Take whatever you need.
• 돼지고기만 아니면 뭐든지 잘 먹어요.	I like eating anything except pork.
• 우리 학교 학생이면 누구든지 출입할 수 있습니다.	As long as they are a student at our school, anyone can enter.

02 이 회사에서 일한 지 얼마나 되셨습니까?

학습 목표 ● 과제 개인적인 자리에서 소개하기 ● 문법 -은 지, -는데[1] ● 어휘 전공 관련 어휘

두 사람이 무엇을 하고 있습니까?
두 사람이 무슨 이야기를 할까요?

CD1:03~04

양견 이 회사에서 일한 지 얼마나 되셨습니까?

정희 4년 됐어요. 대학을 졸업하고 일을 시작했어요.

양견 저는 경영학을 공부했는데 정희 씨는 전공이 뭐예요?

정희 전공요? 저도 경영학이에요.

양견 회사일은 어때요?

정희 배우는 것도 많고 일도 재미있어요.

졸업하다 to graduate
전공 major
경영학 business study

어휘

01 여러 가지 전공이 있습니다.

국어국문학

천문우주학

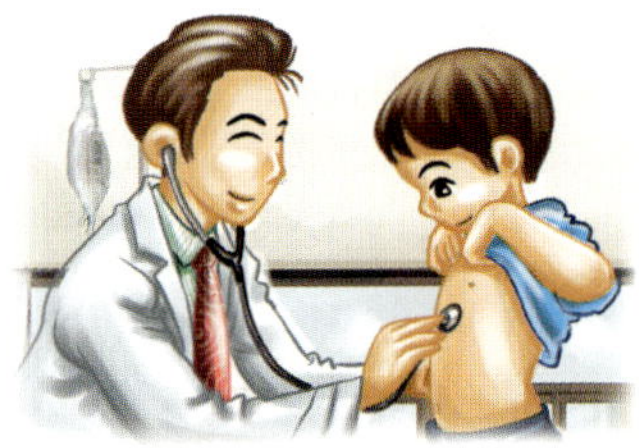
의학

역사학

신문방송학

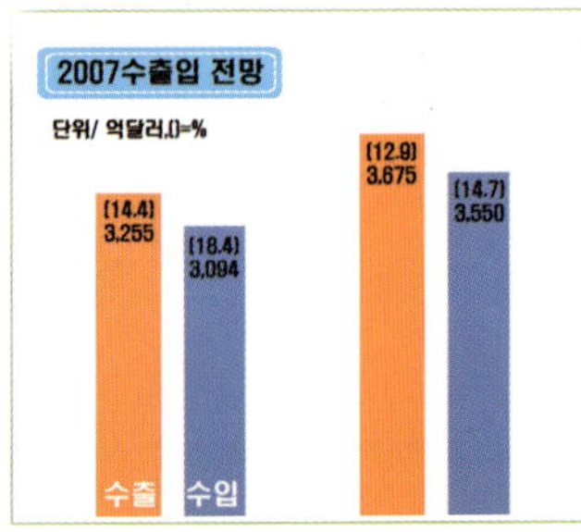

경제학

02 이 사람의 전공은 무엇입니까?

[보기] 영수 씨는 한국어와 한국 소설, 시를 공부합니다. (국어국문학)

1) 다나카 씨는 일본의 역사와 세계의 역사를 공부합니다. (　　　　)
2) 미나 씨는 의사가 되어서 아픈 사람들을 도와주고 싶어합니다. (　　　　)
3) 에릭 씨는 하늘에 있는 별을 공부하고 새 별을 찾습니다. (　　　　)
4) 수잔 씨는 한국과 세계의 경제를 공부합니다. (　　　　)
5) 이얀 씨는 신문사에서 일하고 싶어합니다. (　　　　)

문법 연습

-은/ㄴ 지

01 마이클 씨의 이야기를 보고 질문과 대답을 하십시오.

지금은 2007년 5월입니다.
저는 1980년에 태어났습니다.
1999년에 대학교에 입학했습니다.
2003년에 대학교를 졸업하고
회사에 취직했습니다.
날마다 열심히 일해서 2006년 3월에 과장이 됐습니다.
그리고 2006년 12월에 결혼했습니다.
저는 내년에 아빠가 될 겁니다.

[보기] 가 : 마이클 씨는 언제 태어났습니까?
나 : 태어난 지 27년 됐습니다.

1) 가 :
   나 :
2) 가 :
   나 :
3) 가 :
   나 :
4) 가 :
   나 :
5) 가 :
   나 :

-는데, -은데/ㄴ데[1]

02 한 문장으로 만드십시오.

[보기] 서울은 여름에 비가 많이 옵니다 / LA는 언제 비가 많이 옵니까?
➔ 서울은 여름에 비가 많이 오는데 LA는 언제 비가 많이 옵니까?

1) 저는 사진 찍기를 좋아합니다 / 영수 씨는 뭘 좋아하세요?

➔ ______________________

2) 저는 쓰기가 제일 어렵습니다 / 왕웨이 씨는 뭐가 어려워요 ?

➔ ______________________

3) 1급 학생들은 교실에 있습니다 / 2급 학생들은 어디에 있습니까?

➔ ______________________

4) 우리 학교는 오늘 시험이 끝났습니다 / 제인 씨 학교는 언제 끝납니까?

➔ ______________________

5) 한국 사람들은 생일에 미역국을 먹습니다 / 일본 사람들은 무엇을 먹습니까?

➔ ______________________

과제 1 말하기

옆 사람에게 묻고 대답하십시오.

[보기] **국적**

가 : 저는 일본에서 왔는데 제임스 씨는 어느 나라에서 왔어요?

나 : 저는 미국에서 왔어요.

- **전공**

가 :

나 :

- **사는 곳**

가 :

나 :

- **좋아하는 음식**

가 :

나 :

- **좋아하는 음악**

가 :

나 :

- **주말에 자주 하는 일**

가 :

나 :

국적 nationality

- **한국에서 하고 싶은 일**

가 :

나 :

과제 2

듣기 [CD1:05]

두 사람의 이야기를 듣고 빈칸을 채우십시오.

	국적	전공	취미	사는 곳
아야코				
세르게이				

Dialogue

Yanggyun How long have you been working in this company?

Jeonghee It's been four years. I started after the graduation from university.

Yanggyun I studied business. What was your major, Jeonghee?

Jeonghee My major? I also studied business.

Yanggyun How do you like working here?

Jeonghee There are a lot of things to learn and it's interesting to work.

문법 설명

01 -은/ㄴ 지

It is used after an action verb and shows a certain period of time has passed after performance has been done in the first sentence.

• 저는 결혼한 지 12년 됐습니다.	I've been married for 12 years.
• 이 회사에서 일한 지 4개월 됐습니다.	I've been working at this company for 4 months.
• 에릭 씨가 대학을 졸업한 지 4년 됐습니다.	It's been 4 years since Eric graduated from the university.
• 독일이 통일된 지 20년 됐습니다.	It's been 20 years since Germany unified.

02 -는데, -은데/ㄴ데[1]

It is used with a verb to make a comparison. In interrogative sentence, a person suggests an information in the first clause before asking a question. In the second clause, question can be made by comparing with the point in the first clause. It serves to make the sentence sound more soft by giving a pre-information rather than asking directly.

• 서울은 8월이 제일 더운데 도쿄는 언제 제일 더워요?	August is the hottest in Seoul; when is the hottest month in Tokyo?
• 저는 여름을 좋아하는데 미선 씨는 어느 계절을 좋아해요?	I like summer the most; which season is your favorite, Miseon?
• 우리 회사는 월급이 3퍼센트 올랐는데 제임스 씨 회사는 어때요?	Our company had 3% pay raise; how about your company, James?
• 우리 교실에는 일본 학생이 많은데 제임스 씨 교실에는 어느 나라 학생들이 많아요?	There are many Japanese students in my class; which country are students in your class from?

03 이젠 한국 생활에 많이 익숙해졌습니다

학습 목표 ● 과제 친구, 가족 소개하기 ● 문법 -어지다¹, -으려고 ● 어휘 친척 관련 어휘

세 사람이 무엇을 합니까?
친구를 다른 사람에게 어떻게 소개할까요?

CD1:06~07

정희 왕웨이 씨, 오래간만입니다. 요즘 어떻게 지내셨어요?

웨이 친구도 많이 사귀고 여행도 많이 했어요.

정희 한국 생활이 힘들지 않으세요?

웨이 괜찮아요. 이젠 한국 생활에 많이 익숙해졌습니다.

정희 그런데 옆에 계신 분은 누구세요?

웨이 중국에서 온 제 동생입니다.
대학교에 들어가려고 한국말을 공부하고 있어요.

오래간만 to have been a long time since...
지내다 to get along
사귀다 make friends
힘들다 to have a hard time
익숙하다 to be accustomed

어휘

01 제 친척들입니다.

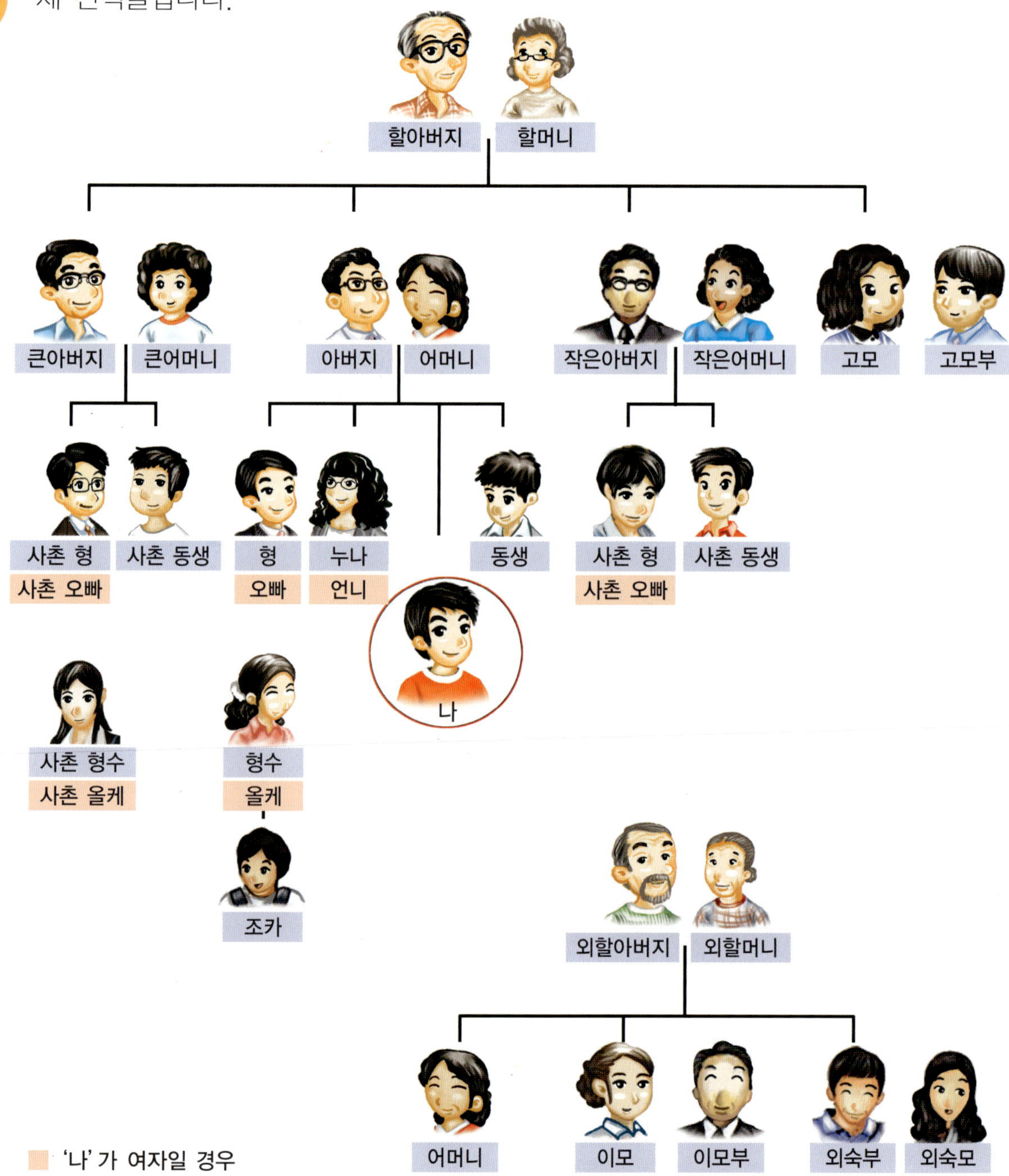

02 여러분이 자주 만나는 친척을 써 봅시다.

문법 연습

-어지다/아지다/여지다¹

01 어떻게 달라집니까?

[보기]

운동을 많이 하면 건강해질 거예요.

❶

❷

❸

❹

❺

–으려고/려고

02 문장을 완성하십시오.

[보기] 졸업식 때 입으려고 한복을 샀어요.

1) ______________ 으려고/려고 한국에 왔어요.

2) ______________ 으려고/려고 케이크를 만들었어요.

3) ______________ 으려고/려고 사진을 많이 찍었어요.

4) ______________ 으려고/려고 아침에 일찍 일어납니다.

5) ______________ 으려고/려고 열심히 한국말을 공부합니다.

과제 1 말하기

옆 사람에게 묻고 대답하십시오.

[보기] 가 : 제임스 씨는 왜 한국에 왔어요?
나 : 저는 한국말을 공부하려고 한국에 왔어요.
가 : 왜 한국말을 공부해요?
나 : 한국 회사에 취직하려고 한국말을 공부해요.

1) 가 : 오늘 수업이 끝나고 어디에 갈 거예요?
나 : ______
가 : 왜 거기에 갈 거예요?
나 : ______

2) 가 : 한국에 와서 동대문 시장에 갔어요?
나 : ______
가 : 무엇을 하려고 동대문 시장에 갔어요?
나 : ______

3) 가 : 지난 주말에 누구를 만났어요 ?
나 : ______
가 : 무엇을 하려고 그 사람을 만났어요?
나 : ______

4) 가 : 어제 슈퍼마켓에서 무엇을 샀어요?

나 : ______________________________

가 : 무슨 음식을 만들려고 그것을 샀어요?

나 : ______________________________

5) 가 : 요즘 무엇을 공부하고 있어요?

나 : ______________________________

가 : 무엇을 하려고 그것을 공부해요?

나 : ______________________________

과제 2 쓰고 말하기

가족을 소개합니다.

[보기]

가족 관계	언니
이름	앤
직업(전공)	대학생(디자인학)
성격	재미있고 밝다
취미	자전거 타기, 사진 찍기

[보기] 이 사진에 있는 사람은 제 언니입니다. 이름은 앤이에요.
제 언니는 대학교에서 디자인을 공부하는데 아주 재미있고 성격이 밝은 사람이에요.
언니는 자전거 타기를 좋아해서 주말이면 자전거로 경치가 좋은 곳을 여기저기 다닙니다.
저도 언니한테 자전거를 배워서 한국에 오기 전에는 같이 자전거 여행도 했어요. 그리고 언니는 사진 찍기도 좋아해서 멋있는 건물이나 좋은 풍경이 있으면 사진도 많이 찍었어요.
요즘 바빠서 전화도 자주 못했는데 언니가 아주 많이 보고 싶어요.

여러분의 가족 사진을 친구들에게 보여 주고 소개하십시오.

가족 관계	
이름	
직업(전공)	
성격	
취미	

디자인 design **성격** personality **멋있다** to be splendid **풍경** landscape

Dialogue

Jeonghee	Wai. Long time no see. How have you been?
Wai	I made many friends and traveled a lot.
Jeonghee	Don't you find life in Korea hard?
Wai	That's all right. I am used to Korean life now.
Jeonghee	By the way, who is this person next to you?
Wai	Ah, he is my younger brother from China. He is studying Korean to enter a university here in Korea.

문법 설명

01 –어지다/아지다/여지다[1]

It is used with a descriptive verb and shows that a status of subject has changed.

• 열심히 연습해서 발음이 좋아졌어요.	My pronunciation became better after I practiced a lot.
• 비가 오면 날씨가 많이 추워질 거예요.	It will be colder after the rain.
• 두 사람이 같이 여행을 한 후에 친해졌어요.	Two of them became close after travelling together.
• 옆집에 술집이 생겨서 동네가 시끄러워질 것 같아요.	Our town would become noisy because a bar has just opened next to us.

02 -으려고/려고

It shows one's purpose or intension by using with an action verb. The perfor-mance in the second clause is made in order to do the main action in the first clause.

• 환전하려고 은행에 가요.	I go to the bank to exchange my money.
• 친구에게 주려고 과자를 만들었어요.	I made some biscuits to give it to my friend.
• 유학을 가려고 돈을 모으고 있습니다.	I am saving money to study abroad.
• 비행기 안에서 읽으려고 만화책을 샀어요.	I bought a comic book to read on the airplane.

04 가족도 만나고 친구들도 만나서 좋았겠군요

학습 목표 ● 과제 고향 소개하기 ● 문법 -어하다, -겠군요 ● 어휘 장소 관련 어휘

두 사람이 무엇을 하고 있습니까?
두 사람이 무슨 이야기를 할까요?

CD1:08~09

웨이 지난 주말에 고향에 다녀왔어요.

정희 가족도 만나고 친구들도 만나서 좋았겠군요.

웨이 부모님께서 아주 반가워하셨어요.

정희 웨이 씨 고향은 어떤 곳이에요?

웨이 제 고향은 작은 시골이에요.
공기도 맑고 경치도 아름다운 곳이에요.

정희 고향에서 찍은 사진이 있으면 보여 주세요.

다녀오다 to visit
시골 country
경치 scenary

어휘

01 어떤 곳입니까?

시골

도시

섬

관광지

유적지

바닷가

02 알맞은 단어를 쓰십시오.

1) 제 고향은 바닷가입니다. 맛있는 생선을 많이 먹을 수 있고 여름에는 바다에서 수영도 할 수 있습니다.

2) 제 고향은 ______ 이기 때문에 아주 복잡합니다. 큰 빌딩도 많고 사람들도 많습니다.

3) 제 고향은 ______ 입니다. 작은 산과 강이 있습니다. 사람들이 부자는 아니지만 착합니다.

4) 제 고향은 ______ 입니다. 배를 타고 가기 때문에 교통은 불편하지만 사람들도 친절하고 경치도 아름답습니다.

5) 제 고향은 옛날 건물이 많은 ______ 입니다. 구경도 하고 역사 공부도 하러 사람들이 많이 옵니다.

6) 제 고향은 ______ 입니다. 경치가 아름다워서 계절마다 관광객들이 많이 찾아옵니다.

문법 연습

-어하다/아하다/여하다

01 그림을 보고 문장을 만드십시오.

[보기]

제임스 씨는 한국말을 잘하는 사람을 부러워합니다.

❶ 

....

❷ 

....

❸ 

....

❹ 

....

❺ 

....

-겠군요

02 대답하십시오.

[보기] 가 : 아직 점심을 못 먹었어요.
나 : 배가 고프겠군요.

1) 가 : 이번 주말에 유럽으로 출장을 갑니다.
나 : ________________

2) 가 : 내일은 고등학교 동창 모임이 있습니다 .
나 : ________________

3) 가 : 저는 한국에 아는 사람이 하나도 없어요.
나 : ________________

4) 가 : 요즘 일이 많아서 날마다 늦게 퇴근해요.
나 : ________________

5) 가 : 어제 학교에서 한국 요리를 배웠어요.
나 : ________________

과제 1 읽고 말하기

이야기를 읽고 말해 보십시오.

저는 파푸아뉴기니(Papua New Guinea)에서 왔습니다.
제 고향은 파푸아뉴기니의 포트모르스비입니다.
우리나라의 서쪽에는 인도네시아가 있고 남쪽에는 호주가 있습니다.
날씨는 항상 덥고 습기가 많습니다.
우리나라에는 금이 많고 커피와 카카오도 많아서 금이나 커피를 다른 나라에 팝니다.
바다가 아주 아름답고 숲에서는 캥거루도 볼 수 있습니다.
또 다른 나라에서는 볼 수 없는 여러 가지 새들도 많습니다.
여러분도 시간이 있으면 우리나라에 꼭 한번 놀러 오세요.

[보기] 바다가 가까우니까 바닷가에서 수영을 자주 하겠군요.

호주 Australia **습기** humidity **항상** always **금** gold **숲** forest **캥거루** kangaroo **새** bird

과제 2 말하기

여러분의 고향을 소개하십시오.

고향 이름	
위치	
날씨	
구경할 것	
많이 나는 과일이나 물건	
사람들의 성격	

위치 location

Dialogue

Wai	I went to my home town last weekend.
Jeonghee	It must have been good that you met your family and friends.
Wai	My parents were happy to meet me.
Jeonghee	What is your home town like?
Wai	My home town is a small countryside. It has clean air and beautiful scenery, too.
Jeonghee	If you have any pictures taken in your home town, please show them to me.

문법 설명

01 –어하다/아하다/여하다

It is used with a descriptive verb indicating emotion and changes the descriptive verb to an action verb. It is used only with a third person subject.

• 일이 많아서 마리아 씨가 힘들어합니다.	Maria is having a hard-time because she has a lot of work to do.
• 제임스 씨는 고향에 돌아가고 싶어합니다.	James wants to go back to his hometown.
• 사람들은 모두 거짓말하는 사람을 싫어해요.	Everyone doesn't like someone who lies.
• 그 이야기를 듣고 양견 씨가 제일 슬퍼했어요.	Yang-gyeon was the most sad among the people who heard the story.

But, only in the case of '좋아하다, 싫어하다' it can be used to the first person subject.

• 저는 매운 음식을 좋아해요. (싫어해요)	I like(dislike) hot food.

02 -겠군요

It is used to predict someone's feelings or a situation through hearing a story.

• 가 : 이번 주말에 동생 결혼식이 있어요.	A: I have my brother's wedding on this weekend.
나 : 친척들이 모두 모이겠군요.	B: Your family and relatives will all meet together.
• 가 : 어제 고등학교 동창 모임이 있었어요.	A: I had a high school reunion yesterday.
나 : 반가운 사람들을 많이 만났겠군요.	B: You must have met good friends.
• 가 : 지난주에는 하루도 쉬지 못했어요.	A: I couldn't rest at all last week.
나 : 피곤하시겠군요.	B: You should be tired.
• 가 : 어제 친구들하고 공포 영화를 봤어요.	A: I watched a scary movie with my friends yesterday.
나 : 재미있었겠군요.	B: It must have been interesting.

05 정리해 볼까요?

01 발음을 연습합시다. [CD1:10]

처음 뵙겠습니다

대학을 졸업하고 일을 시작했어요

많이 익숙해졌어요

친구들도 만나서 좋았겠군요

02 반 친구들의 이름과 직업, 전공을 쓰십시오.

이름	직업	전공

03 다음 문법을 써서 이야기를 완성하십시오.

-기 때문에　　-으려고/려고　　-은/ㄴ 지　　-는데, -은데/ㄴ데
-어지다/아지다/여지다　　-어하다/아하다/여하다

저는 터키에서 온 알리 벨리입니다.

저는 한국에 관심이 ______ (많다) 한국 역사와 한국 문화 책을 많이 읽었습니다.

그리고 한국말을 배워서 한국 회사에 ______ (취직하다) 한국에 왔습니다.

정리

한국에 ________ 이제 세 달 됐습니다.
(오다)

아직은 한국 생활에 ________ 지 않았지만 열심히 배우고 싶습니다.
(익숙하다)

제 친구들도 한국에 오고 ________.
(싶다)

저는 한국이 ________ 여러분은 어떻습니까?
(좋다)

그리고 저는 축구를 아주 좋아합니다.

여러분도 축구를 하고 싶으면 언제든지 저한테 이야기하십시오.

04 그림을 보고 이야기를 만들어 봅시다.

세 사람은 어떤 관계일까요?

대화를 만들어 보세요.

관심 interest **관계** relationship

리에가 본 한국

촌수 [CD1:11]

저는 오늘 한국 친구를 만났습니다.
그 한국 친구는 친척들을 데리고 왔습니다.
"이 사람은 제 사촌 언니이고, 이 사람은 제 육촌 동생이에요."
"네? 육촌 동생? 육촌이 뭐예요?"
사촌은 알고 있었지만 육촌은 처음 듣는 말이었습니다.
그 얘기를 듣고 제 한국 친구와 친척들은 웃으며 '한국의 촌수'를 설명해 주었습니다.

한국 사람들의 친척 관계를 설명하는 방법 중에 촌수가 있습니다.
촌수는 숫자로 계산합니다.
부모와 자녀의 관계는 1촌이고 형제 관계는 2촌입니다.
이것으로 모든 친척 관계를 설명할 수 있습니다.
먼저, 부모님의 형제는 나와 3촌 관계입니다. 그래서 큰아버지, 작은아버지, 고모, 이모, 외삼촌 모두 3촌 관계입니다.

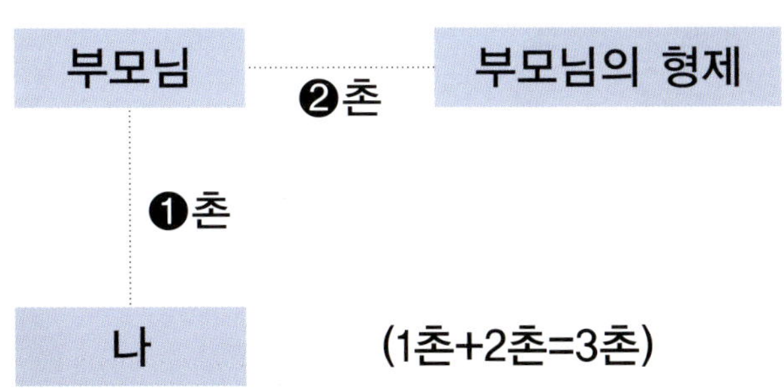

반대로 내 형제의 아이들인 조카도 나와 3촌 관계입니다.

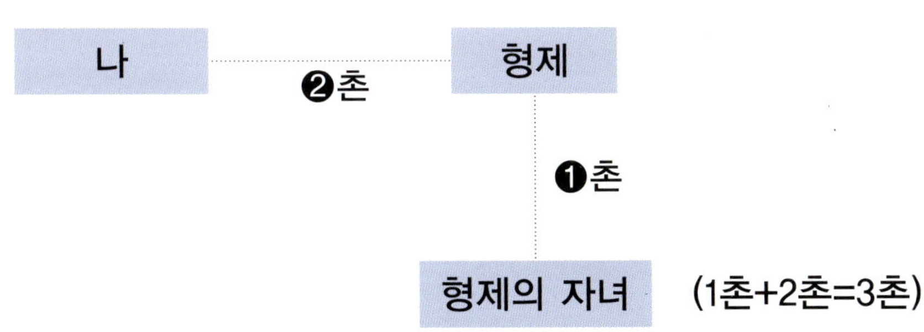

그럼 4촌과 6촌은 어떻게 될까요?

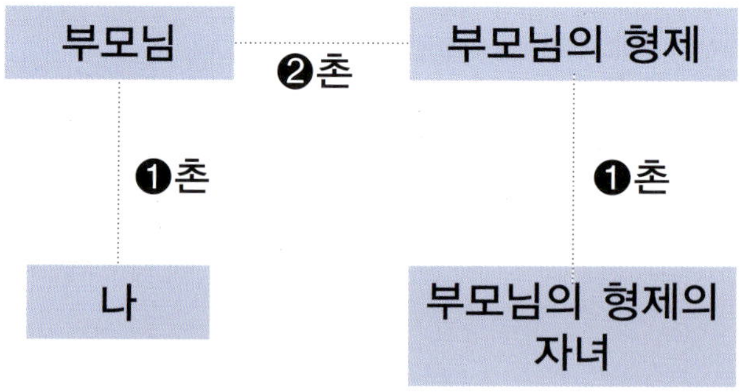

(1촌+2촌+1촌=4촌)

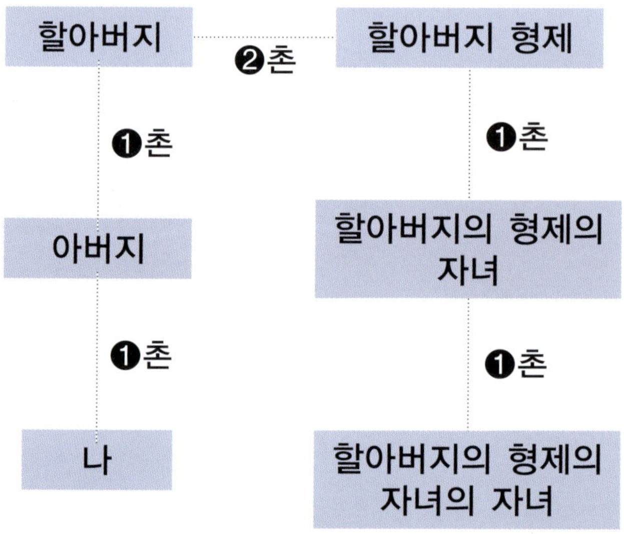

(1촌+1촌+2촌+1촌+1촌=6촌)

그리고 부부는 0촌입니다.

그럼, 한번 생각해 봅시다.
할아버지의 동생의 딸은 나와 몇 촌 관계일까요?

1. 여러분이 자주 만나는 친척들은 누구입니까?
2. 그 친척들은 여러분과 몇 촌 관계입니까?

촌수 the degree of kinship **방법** method **숫자** number **계산하다** to calculate **반대로** in the opposite

제2과 한국 음식

01 설렁탕을 먹어 봤어요?

학습 목표 ● 과제 음식 먹는 법 설명하기 ● 문법 -어 보다¹, -어야 하다 ● 어휘 식사 관련 어휘

두 사람은 무슨 음식을 먹고 있습니까?
이 음식은 어떻게 먹습니까?

CD1:12~13

영수 리에 씨, 설렁탕을 먹어 봤어요?

리에 아니요, 먹어 보지 못했어요. 어떻게 먹는 거예요?

영수 소금과 파를 좀 넣고 밥을 말아서 드세요.

리에 반찬은 어디에 있어요?

영수 여기 큰 그릇에 있어요. 접시에 덜어서 먹어야 해요.

리에 아, 여기 있군요.

설렁탕 sulreongtang (beef and rice soup)
파 spring onion
말다 to put (something) into soup
반찬 side dish
접시 plate
덜다 to take food

어휘

01 음식을 먹을 때 사용하는 단어입니다.

① 넣다

② 덜다

③ 뿌리다

④ 말다

⑤ 비비다

⑥ 찍다

02 알맞은 말을 넣으십시오.

[보기] 국이 너무 싱거우면 소금을 좀 **넣어서** 드세요.

1) 밥이 너무 많으면 작은 그릇에 좀 ________ 으세요/세요.
2) 저는 피자에 치즈 가루를 많이 ________ 어서/아서/여서 먹어요.
3) 국밥은 국에 밥을 ________ 어서/아서/여서 먹는 음식입니다.
4) 밥에 채소와 고추장을 넣고 ________ 으면/면 맛있어요.
5) 초밥을 간장에 ________ 어서/아서/여서 드십시오.

문법 연습

-어/아/여 보다'

01 대답하십시오.

[보기2] 리에 : 제주도에 가 봤어요?
영수 : 네, 제주도에 가 봤어요.
아니요, 제주도에 가 보지 못했어요.

1) 가 : 한복을 입어 봤어요?
나 : 네, ______
아니요, ______

2) 가 : 감자탕을 먹어 봤어요 ?
나 : 네, ______
아니요, ______

3) 가 : 새벽에 남대문 시장에 가 봤어요?
나 : 네, ______
아니요, ______

4) 가 : 3급 읽기 책을 읽어 봤어요?
나 : 네, ______
아니요, ______

5) 가 : 한국 전통 음악을 들어 봤어요?
나 : 네, ______
아니요, ______

– 어야/아야/여야 하다

02 그림을 보고 문장을 완성하십시오.

[보기]

비가 오면 우산을 빌려야 합니다.

❶

돈이 없으면 ____________________

❷

머리가 아프면 ____________________

❸

학교에 오지 못하면 ____________________

❹

여행을 많이 하고 싶으면 ____________________

❺

좋은 회사에 취직하고 싶으면 ____________________

과제 1 쓰고 말하기

한국에서 먹어 본 음식을 이야기 해 봅시다.

먹어 본 음식	맛
갈비	조금 달고 짜다

[보기] 저는 한국에서 갈비를 먹어 봤습니다. 조금 달고 짜지만 맛이 있었어요.

저는 한국에서

과제 2 말하기

음식을 먹는 방법을 이야기 해 봅시다.

음식 이름	먹는 방법
비빔밥	큰 그릇에 밥을 담습니다. 그 위에 여러 가지 나물을 놓습니다. 그리고 계란프라이를 나물 위에 놓습니다. 참기름과 고추장을 한 숟가락씩 넣습니다. 숟가락으로 비빕니다. 맛있게 먹습니다.
삼겹살	
샤브샤브	

담다 to put something in **나물** cooked vegetable **놓다** to put on **계란프라이** fried egg
참기름 sesame oil **고추장** red pepper paste **샤브샤브** Shabushabu

Dialogue

Youngsoo	Rie, have you eaten seolleongtang?
Rie	No. I haven't tried it. How do you eat it?
Youngsoo	You put a little salt and sliced spring onion into the soup along with rice and then you eat it.
Rie	Where are all the side dishes?
Youngsoo	Here is a big bowl. You have to take some food on to your plate.
Rie	Ah, here it is.

문법 설명

01 어/아/여 보다[1]

It is used with an action verb to show experience. In case of expressing someone's experience, it is used with the past tense.

- 설악산에 가 봤습니까? Have you been to Seorak mountain?
- 아니요, 설악산에 가 보지 않았습니다. No. I haven't been to Seorak mountain.
- 저는 한복을 입어 봤습니다. I have worn Hanbok before.
- 5년 전에 제주도에 가 봤어요. I've been to Jeju Island five years ago.

02 –어야/아야/여야 하다

It emphasizes the needs or duties by using with a verb. '–어야 되다' can be used as well without much difference in its meaning.

• 이 일을 오늘 안으로 끝내야 해요 /끝내야 돼요.	You must finish the work today.
• 극장에서는 휴대 전화를 꺼야 해요 /꺼야 돼요.	You must turn your cell phone off in this cinema.
• 제 시간에 도착하려면 택시를 타야 해요/타야 돼요.	You must take a taxi to get there on time.
• 공부방은 밝아야 합니다/밝아야 됩니다.	A study room must be bright.

02 닭갈비를 먹어 본 적이 있어요?

학습 목표 ● 과제 음식 소개하기 ● 문법 -은 적이 있다, -는데[2] ● 어휘 음식 이름 어휘

두 사람은 무슨 이야기를 하고 있습니까?
영수가 소개하는 음식은 무엇입니까?

CD1:14~15

영수 리에 씨, 오늘은 한국 음식을 먹읍시다.

리에 좋아요. 한국 음식 중에서 유명한 게 뭐예요?

영수 음, 닭갈비를 먹어 본 적이 있어요?

리에 아직 없어요. 어떤 음식이에요?

영수 닭고기와 채소로 만든 음식인데 좀 매워요.

리에 그래요? 맛있을 것 같아요.

유명하다 to be famous
닭고기 chicken
채소 vegetable
좀 a little

어휘

01 음식 이름입니다.

비빔밥

회

김치찌개

탕수육

스파게티

짬뽕

샐러드

우동

순두부찌개

피자

튀김

잡채

02 각 나라의 음식을 골라서 쓰십시오.

	음식 이름
한국 음식	
중국 음식	
일본 음식	
서양 음식	

문법 연습

-은/ㄴ 적이 있다

01

1) 여러분은 무엇을 한 적이 있습니까?

	-은/ㄴ 적이 있다 (O) -은/ㄴ 적이 없다 (X)
강에서 낚시를 하다	×
한복을 입다	
샌드위치를 만들다	
무서운 꿈을 꾸다	
한국 영화를 보다	
닭갈비를 먹다	

2) 위 내용을 문장으로 만들어 보십시오.

[보기] 저는 강에서 낚시를 한 적이 없습니다.

1) ____________________

2) ____________________

3) ____________________

4) ____________________

5) ____________________

-는데, -은데/ㄴ데[2]

02 그림을 보고 문장을 만드십시오.

[보기]

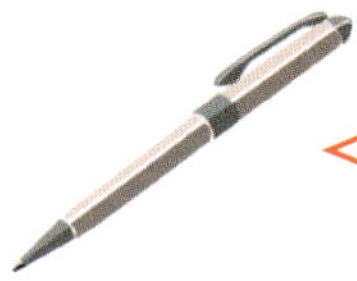

가격:500원 | 이 볼펜은 한 자루에 500원인데 쓰기가 편해요.

❶

가격:5,000원 | 이 운동화는 ______________________

❷

우리 선생님 | 이분은 ______________________

❸

우리 어머니 | 이분은 ______________________

❹

우리 반 친구들 | 이 학생들은 ______________________

❺

아버지에게 선물로 받았습니다. | 이 카메라는 ______________________

❻

지난 여름에 간 곳 | 이 호텔은 ______________________

과제 1 쓰고 말하기

여러분이 먹은 적이 있는 음식을 쓰고 이야기하십시오.

일본 음식	중국 음식	유럽 음식
[보기] 낫토		

저는 일본 음식 중에서 낫토를 먹은 적이 있습니다.
낫토는 콩으로 만드는데 아주 건강에 좋은 음식입니다.

낫토 fermenated Japanses beans **콩** bean **건강** health

여러분 나라의 음식을 소개하십시오.

[보기] 이름 : 갈비탕
재료 : 소갈비, 물, 파, 마늘, 소금, 후추
설명 : 저는 한국 음식 중에서 갈비탕을 좋아합니다. 갈비탕은 맵지 않아서 아이들과 어른들이 모두 좋아합니다. 소갈비를 물에 넣고 오래 끓여야 합니다. 2시간 정도 끓이면 갈비가 먹기 좋아집니다. 2시간 정도 갈비를 끓인 후에 파하고 소금하고 후추를 넣어서 먹습니다. 어떤 사람은 국물에 국수를 넣기도 합니다. 저는 국수를 넣지 않고 밥을 말아서 먹습니다. 갈비탕을 먹을 때는 보통 김치와 같이 먹습니다.

이름 :

재료 :

설명 :

후추 pepper

Dialogue

Youngsoo	Rie, let's have Korean food today.
Rie	Sounds good. What is the famous food in Korea?
Youngsoo	Mmm. Have you ever eaten Dakgalbi?
Rie	No. What kind of food is it?
Youngsoo	It is made of chicken and vegetables, and it is quite spicy.
Rie	Is it? Sounds delicious.

문법 설명

01 -은/ㄴ 적이 있다.

It is used with an action verb to show a past experience.

- 저는 삼계탕을 먹은 적이 있습니다. I've ever eaten Samgaetang.
- 저는 한국 무용을 배운 적이 없습니다. I've never learned Korean dance.
- 이 노래는 한 번 들은 적이 있습니다. I've ever listened to this song once.
- 에릭은 한복을 입은 적이 없습니다. Eric has never worn Hanbok before.

02 -는데, 은데/ㄴ데[2]

It is used at the end of verb to add evaluations of an object while explaining the character or fact about the object. The contents before '-는데, 은데/ㄴ데' functions to draw out the attention to what comes after the discourse.

- 이 사과는 한 개에 1,000원인데 달고 맛있어요. This apple is 1000won each and it is sweet and delicious.

• 이분은 우리 선생님인데 아주 친절한 분이에요.	This person is my teacher and she is very kind.
• 이곳은 제주도인데 경치가 정말 아름다워요.	This is Jeju Island and it has a beautiful scenery.
• 이 가방은 어머니께 받았는데 튼튼하고 쓰기 편해요.	This bag is given by my mother and it is strong and convenient to use.

03 김치찌개는 어떻게 만들어요?

학습 목표 ● 과제 요리법 설명하기 ● 문법 부터, -게 ● 어휘 요리 관련 어휘

두 사람이 무슨 이야기를 하고 있습니까?
웨이가 만들고 있는 음식은 무엇입니까?

CD1:16~17

영수 김치찌개는 어떻게 만들어요?

웨이 우선 물부터 끓이세요.
그 다음에 김치와 돼지고기를 작게 썰어서 넣으세요.

영수 간은 어떻게 맞춰요?

웨이 조금 끓인 후에 맛을 보고 소금을 넣으세요.

영수 누구한테서 한국 요리를 배웠어요?

웨이 하숙집 아주머니께 배웠어요.

우선 firstly
끓이다 to boil
돼지고기 pork
썰다 to chop
간 degree of saltiness
맞추다 to adjust

어휘

01 요리할 때 사용하는 단어입니다.

❶ 
굽다

❷ 
튀기다

❸ 
볶다

❹ 
끓이다

❺ 
삶다

❻ 
찌다

❼ 
다지다

❽ 
썰다

❾ 
젓다

02 알맞은 단어를 쓰십시오.

[보기] 국수를 삶은 후에 빨리 찬물에 넣어요.

1) 생선은 불에 ________ 어서/아서/여서 먹으면 맛있어요.

2) ________ 은/ㄴ 음식을 많이 먹으면 뚱뚱해져요.

3) 채소와 고기를 프라이팬에 넣고 기름으로 ________ 으세요/세요.

4) 커피를 마시고 싶어서 물을 ________ 었어요/았어요/였어요.

5) 칼로 고기를 얇게 ________ 어서/아서/여서 넣으세요.

문법 연습

부터

01 대답하십시오.

[보기] 가 : 집에 가면 무엇을 제일 먼저 해요?
나 : 우선 손부터 씻어요.

1) 가 : 학교에 오면 무엇을 제일 먼저 해요?
나 : ______________________________

2) 가 : 방학을 하면 제일 먼저 무엇을 하고 싶어요 ?
나 : ______________________________

3) 가 : 고향에 돌아가면 제일 먼저 무엇을 할 거예요?
나 : ______________________________

4) 가 : 청소할 때 무엇을 제일 먼저 해요?
나 : ______________________________

5) 가 : 식사할 때 무엇을 제일 먼저 먹어요?
나 : ______________________________

-게

02 그림을 보고 문장을 완성하십시오.

[보기]

에릭은 음식을 맛있게 먹어요.

❶ 

마리아가 방을 ________ 청소했어요.

❷ 

미선이 머리를 ________ 잘랐어요.

❸ 

영수가 옷을 ________ 입었어요.

❹ 

사진을 찍을 때는 ________ 웃으세요.

❺ 

시장에 가면 옷을 ________ 살 수 있어요.

과제 1 쓰기

불고기를 만듭니다. 그림을 보고 요리법을 설명하십시오.

우선 고기를 얇게 썰어요. 그 다음에 ______

과제 2 듣기 [CD1:18]

• 듣고 질문에 대답하십시오.

01 들은 이야기와 같으면 O, 다르면 X 표시를 하십시오.

1) 카레는 다 맵습니다. ( )
2) 인도에서 카레는 숟가락으로 먹습니다. ( )
3) 카레 소스에는 토마토와 요구르트를 넣습니다. ( )

요리법 recipe **설명하다** to explain **고기** meat

02 듣고 대답하십시오.

1) 이 음식의 이름은 무엇입니까?

2) 이 음식의 면은 한 가지입니까?

03 듣고 대답하십시오.

1) 돈가스는 무엇으로 만듭니까?

2) 이 음식의 설명으로 맞지 않는 것은 무엇입니까? (　　　)

❶ 처음에 일본에서 만들었습니다.
❷ 돼지고기를 부드럽게 해서 만듭니다.
❸ 기름에 튀깁니다.
❹ 요즘은 소고기, 닭고기, 생선으로도 만듭니다.

04 듣고 대답하십시오.

1) 이 음식은 무엇으로 만듭니까?

2) 이 음식의 설명으로 맞는 것은 무엇입니까? (　　　)

❶ 이 음식은 닭으로 만듭니다.
❷ 오리를 삶아서 먹습니다.
❸ 이 음식은 전병에 싸서 먹습니다.
❹ 껍질은 먹지 않습니다.

05 들은 이야기와 같으면 O, 다르면 X 표시를 하십시오.

1) 갈비찜은 한국의 전통 요리입니다. (　　　)
2) 갈비찜은 빨리 만들 수 있습니다. (　　　)
3) 갈비찜은 한 가지 색입니다. (　　　)
4) 갈비찜에는 채소가 들어갑니다. (　　　)

카레 curry **토마토** tomato **요구르트** yoghurt **면** noodles **돈가스** port cutlet **부드럽다** to be soft
오리 duck **전병** pancake **껍질** skin **갈비찜** steamed beef rib **전통** tradition

Dialogue

Youngsoo	How do you make Kimchi stew?
Wangwai	Firstly, you boil the water. Then chop Kimchi and pork into pieces and put them in.
Youngsoo	How do you season the food?
Wangwai	Season with a little bit of salt after the stew boils a little.
Youngsoo	Where have you learned the Korean cooking from?
Wangwai	I've learned it from my homestay lady.

문법 설명

01 부터

It is used with a noun to express that the act should be done before other acts.

• 우선 손부터 씻고 드세요.	Wash your hands first, then eat.
• 뭐부터 할까요?	What should we do first?
• 청소부터 할까요? 설거지부터 할까요?	Should I clean the room first, or wash dishes first?
• 배가 고프니까 식사부터 합시다.	Because I'm hungry, let's eat first.

02 –게

It is used with a verb to describe the following verb in detail.

• 방을 깨끗하게 청소했습니다.	I cleaned my room neatly.
• 잘 보이게 사진을 벽에 걸까요?	Should I hang the picture on the wall to see it well?
• 편안하게 앉아서 기다리세요.	Wait while sitting here comfortably.
• 손님들에게는 밝게 웃으세요.	Smile to the clients brightly.

04 밥그릇을 들고 먹으면 안 돼요

학습 목표 ● 과제 식사 예절을 알고 말하기 ● 문법 -어도 되다, -으면 안 되다 ● 어휘 상차림 관련 어휘

사람들은 무엇을 하고 있습니까?
한국에는 어떤 식사 예절이 있습니까?

CD1:19~20

제임스　한국에서는 식사할 때 어떻게 해야 돼요?

미선　웟사람이 식사를 시작할 때까지 기다려야 해요.

제임스　아, 그래요. 또 다른 예절은 없어요?

미선　밥그릇을 들고 먹으면 안 돼요.

제임스　재미있군요. 젓가락과 숟가락을 양손에 들고 먹어도 돼요?

미선　아니요, 왼손은 내려놓고 오른손만 써야 돼요.

윗사람 the elders
다른 other
예절 manners, etiquette
들다 to lift
양손 both hands
내려놓다 to put something down

어휘

01 상차림 단어입니다

02 자기 나라의 상차림을 그리고 이름을 써 봅시다.

문법 연습

-어도/아도/여도 되다, -으면/면 안 되다

01 대화를 완성하십시오.

[보기] 가 : 아침 일찍 전화해도 돼요?
나1 : 네, 전화해도 돼요.
나2 : 아니요, 전화하면 안 돼요.

1) 가 : 책상 위에 있는 종이를 버려도 돼요?
나 :

2) 가 : 냉장고에 있는 우유를 제가 마셔도 돼요?
나 :

3) 가 : 모르는 게 있을 때 질문해도 돼요?
나 :

4) 가 : 이 지우개를 써도 돼요?
나 :

5) 가 : 미선 씨 전화번호를 친구에게 말해도 돼요?
나 :

02 그림을 보고 자기의 생각을 써 봅시다.

장소	문형	생각
[보기]  도서관에서는	– 어도/아도/여도 돼요	• 신문을 봐도 돼요.
	– 으면/면 안 돼요	• 큰 소리로 떠들면 안 돼요.
❶  우리 학교에서는	– 어도/아도/여도 돼요	
	– 으면/면 안 돼요	
❷  비행기에서는	– 어도/아도/여도 돼요	
	– 으면/면 안 돼요	
❸  영화관에서는	– 어도/아도/여도 돼요	
	– 으면/면 안 돼요	
❹  한국에서는	– 어도/아도/여도 돼요	
	– 으면/면 안 돼요	
❺ 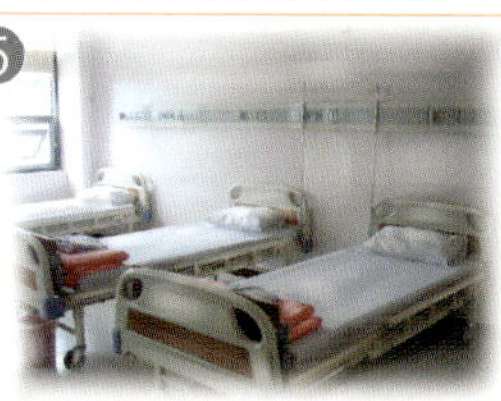 병원에서는	– 어도/아도/여도 돼요	
	– 으면/면 안 돼요	

과제 1 말하기

여러분 나라의 식사 예절은 어떻습니까? 이야기해 봅시다.

한국에서는 어른이 먼저 수저를 드신 후에 아이들이 수저를 들어야 합니다.
한식을 먹을 때는 숟가락과 젓가락을 한 손에 같이 들고 먹으면 안 됩니다.
식사하는 자리에서 코를 풀면 안 됩니다.
그렇지만 음식을 먹을 때 소리를 조금 내도 됩니다.
어른이 식사를 마치기 전에 먼저 일어나면 안 됩니다.

우리나라(   )에서는 ________________

코 nose **풀다** to blow (one's nose) **소리** sound **내다** to make **마치다** to finish

과제 2 쓰기

여러분 나라의 식사 예절에 대해서 써 봅시다.

우리나라의 식사 예절은 여러 가지가 있습니다.

재미있는 식사 예절도 있습니다.

우리나라의 식사 예절은 한국와 다릅니다.

그래서 저는 한국에서 식사할 때 실수를 한 적이 있습니다.

실수 mistake

Dialogue

James	How should you eat in Korea?
Miseon	You should wait until your elders started the meal.
James	Oh, is it? Are there any other manners?
Miseon	You shouldn'r pick up your rice bowl when you eat.
James	That's interesting. Can I use chopsticks and a spoon in both hands?
Miseon	No. You should put your left hand down and use only the right hand.

문법 설명

01 –어도/아도/여도 되다

It is used at the end of an action verb to give a permission to do something. The question form of '–어도/아도/여도 돼요?' can be used.

- 여기에 앉아도 됩니다. — You can sit here.
- 이제 웃어도 돼요. — You can laugh now.
- 조금 늦게 출발해도 돼요. — You may leave a bit later.
- 여기에서 담배를 피워도 돼요? — May I smoke here?

02 –으면/면 안 되다

It is used with a verb to prohibit or restrict the permission. You can question in order to get a permission by '–어도 돼요?'. If you give a permission, answer in a form of '–어도 돼요'. If not, answer in a form of '–으면 안 돼요'.

• A : 내일 좀 늦어도 돼요?	A : Can I be a little bit late tomorrow?
B1 : 네, 좀 늦어도 돼요. 바쁜 일이 없어요.	B1 : Yes. You can be late a little tomorrow. We are not busy.
B2 : 아니요, 내일은 늦으면 안 돼요. 아침부터 아주 바빠요.	B2 : No. You can't be late. We'll be very busy tomorrow from morning.
• 길 옆에 주차하면 안 돼요.	You shouldn't park your car next to the road.
• 날짜가 지난 음식이니까 먹으면 안 돼요.	You shouldn't eat it because the food is expired.
• 공부방은 너무 어두우면 안 돼요.	A study shoudn't be too dark.

05 정리해 볼까요?

01 발음을 연습합시다. [CD1:21]

김치찌개는 어떻게 만들어요?
김치와 돼지고기를 작게 썰어서 넣으세요
윗사람이 식사를 시작할 때까지 기다려야 해요
왼손은 내려놓고 오른손만 써야 돼요

02 (가)와 (나)에서 단어를 하나씩 골라 문장을 만드십시오.

(가)	(나)
그릇	굽다
고추장	끓이다
기름	담다
물	볶다
불	비비다
칼	썰다

[보기] 그릇에 밥을 조금만 담아 주세요.

정리

03 대화를 만드십시오.

1) 가 : ____________________ 어/아/여 봤어요?

나 : 아니요, ____________________ 지 못했어요.

가 : 저는 ____________________ 은/ㄴ 적이 있어요.

나 : 어땠어요?

가 : ____________________ 었어요/았어요/였어요.

[보기] 가 : 삼계탕을 먹어 보았어요?

나 : 아니요, 삼계탕을 먹어 보지 못했어요.

가 : 저는 지난 여름에 먹은 적이 있어요.

나 : 어땠어요?

가 : 좀 뜨거웠는데 맛이 있었어요.

정리

2) 가 : ______________ 어도/아도/여도 돼요?

나 : 아니요, ______________ 으면/면 안 돼요.

가 : 그럼, 어떻게 ______________ 어야/아야/여야 해요?

나 : ______________ 어야/아야/여야 해요.

[보기] 가 : 교실에서 통화를 해도 돼요?
나 : 아니요, 교실에서 통화를 하면 안 돼요.
가 : 그럼, 어떻게 전화를 받아야 해요?
나 : 밖에 나와서 받아야 해요.

3) 가 : ______________ 으면/면 무엇을 제일 먼저 해요?

나 : 우선 ________ 부터 ______________ 어요/아요/여요.

[보기] 가 : 친구 집에 가면 무엇을 제일 먼저 해요?
나 : 우선 부모님께 인사부터 해요.

04 이야기해 봅시다.

내가 먹은 적이 있는 인상적인 음식

음식 이름	
먹은 때	
먹은 곳	
같이 먹은 사람	
인상적인 이유	

위의 이야기를 써 보십시오.

불 fire **인상적** impressive **곳** place **이유** reason

리에가 본 한국

한국의 장맛 [CD1:22]

저는 한국에 와서 여러 가지 한국 음식을 먹어 봤어요. 한국 음식에는 된장, 고추장, 간장이 많이 들어가요. 그래서 저는 장에 관심이 생겼어요. 한국의 장은 좀 특별한 것 같아요.

저는 지난 주에 한국 친구의 할머니 댁에 놀러 갔어요. 할머니 댁 마당에는 이상한 큰 그릇들이 있었어요. 친구는 그것이 '장독'이라고 했어요.

장독 안에는 된장, 고추장, 간장이 있었어요. 할머니께서는 된장, 고추장, 간장의 좋은 점을 설명해 주셨어요.

간장

고추장

된장

된장은 콩과 소금으로 만들어요. 된장은 생선이나 고기의 나쁜 냄새를 없애 주고 음식 맛을 부드럽게 해 줘요.
고추장은 콩과 찹쌀가루와 고춧가루로 만들어요. 고추장에는 여러 가지 재료가 들어가서 구수한 맛, 단맛, 매운맛, 짠맛이 같이 있어요.
고추장이 들어가는 음식이 많아요.
간장은 콩과 소금과 물로 만들어요.
한국 사람들은 국을 끓일 때 보통 간장으로 간을 맞춰요.
된장, 고추장, 간장은 모두 발효 식품이에요. 그래서 오랫동안 맛이 변하지 않고 건강에도 아주 좋아요.

1. 여러분 나라에는 한국의 된장, 고추장, 간장과 비슷한 것이 있습니까?
2. 건강에 좋은 음식은 무엇입니까?

된장 soy paste **장독** jar of soy sauce **냄새** smell **없애다** to get rid of
찹쌀가루 sticky rice flour **구수하다** to taste and smell good **발효 식품** fermented food

제3과 시장

01
제목 | 물건이 좋기는 하지만 값이 너무 비싸요
과제 | 백화점에서 물건사기
어휘 | 백화점 이용과 관련된 어휘
문법 | -을까 하다, -기는 하지만

02
제목 | 이거 입어 봐도 돼요?
과제 | 시장에서 물건사기
어휘 | 옷의 종류와 특징 관련 어휘
문법 | -어 보다[2](시도), -는데[3](+명령형)

03
제목 | 계산은 카드로 하겠습니다
과제 | 슈퍼마켓에서 물건사기
어휘 | 생활필수품 관련 어휘
문법 | 으로 하다, -어도

04
제목 | 광고를 보니까 10만 원짜리가 좋을 것 같아요
과제 | 물건 주문하기
어휘 | 축하 선물 관련 어휘
문법 | -으니까(발견), -었으면 좋겠다

05
정리해 볼까요?

- 리에가 본 한국
  한국의 시장

01 물건이 좋기는 하지만 값이 너무 비싸요

학습 목표 ● 과제 백화점에서 물건 사기 ● 문법 -을까 하다 / -기는 하지만 ● 어휘 백화점 이용과 관련된 어휘

두 사람은 무슨 이야기를 합니까?
시장과 백화점은 무엇이 다릅니까?

CD1:23~24

마리아 지금 백화점에 가는데 같이 가시겠어요?

미선 뭘 사러 가세요?

마리아 학교에 행사가 있어서 정장을 한 벌 살까 해요.

미선 백화점은 물건이 좋기는 하지만 값이 너무 비싸요.

마리아 그렇지만 시장은 백화점보다 물건을 고르기가 힘들어요.

미선 제가 같이 가서 도와드리겠어요.

행사 events
정장 suit
고르다 to select

어휘

01 백화점에 여러 가지 물건이 있습니다.

02 사고 싶은 물건이 있습니다. 어디로 가야 합니까?

[보기] 가방 : 패션 잡화

운동복: ....

냉장고: ....

케이크: ....

치마 : ....

문법 연습

–을까/ㄹ까 하다

01 그림을 보고 대답하십시오.

[보기]

가 : 주말에 뭘 할 거예요?

나 : 친구와 같이 영화를 볼까 합니다.

❶

가 : 손님, 뭘 찾으세요?

나 : ____________________

❷

가 : 방학에 뭘 할 계획이에요?

나 : ____________________

❸

가 : 부산까지 어떻게 가실 거예요?

나 : ____________________

❹

가 : 부모님께 무슨 선물을 드릴 거예요?

나 : ____________________

❺

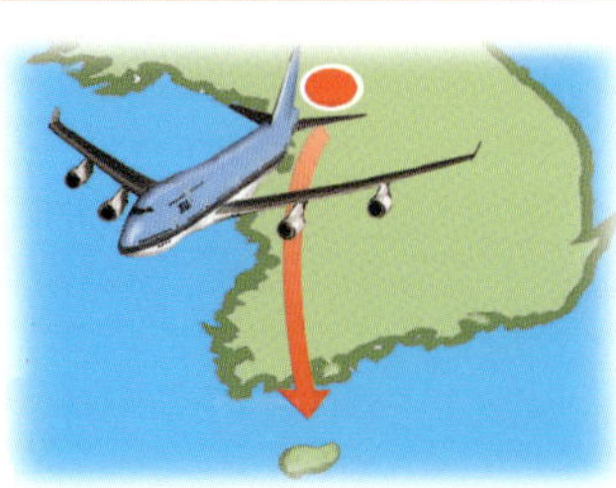

가 : 고향에서 친구들이 오면 뭘 할 거예요?

나 : ____________________

–기는 하지만

02 대화를 완성하십시오.

[보기] 가 : 여행을 좋아하세요?
나 : 좋아하기는 하지만 자주 가지 못해요.

1) 가 : 테니스를 칠 수 있어요?
나 : ____________________

2) 가 : 공부하기가 재미있어요 ?
나 : ____________________

3) 가 : 하숙집 아주머니가 친절해요?
나 : ____________________

4) 가 : 학교에서 생활하기가 어때요?
나 : ____________________

5) 가 : 생일 선물로 받은 가방이 마음에 들어요?
나 : ____________________

과제 1 말하기

두 가지 중에서 하나를 선택하고 이유를 이야기하십시오.

[보기]

저는 배낭을 사겠습니다.
서류 가방이 배낭보다 멋있기는 하지만
불편할 것 같습니다.

❶

❷

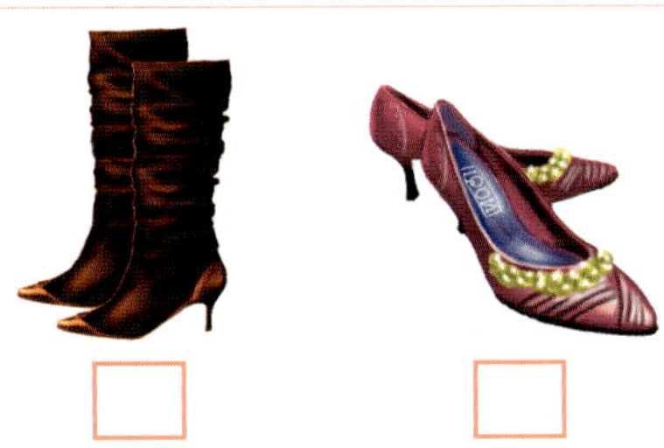

❸

❹

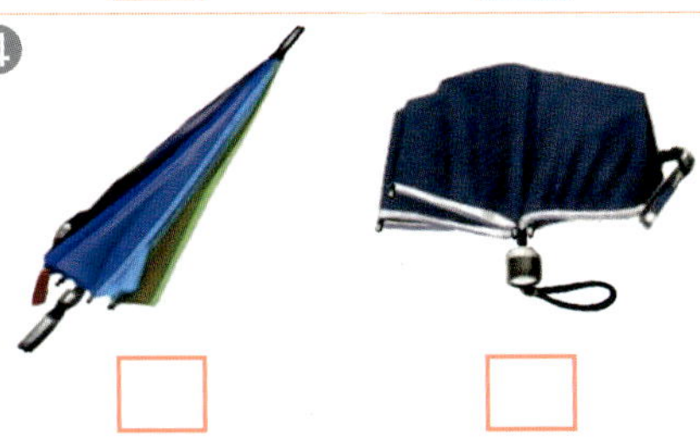

❺

배낭 knapsack **서류 가방** briefcase

과제 2 쓰고 말하기

백화점에서 물건을 사려고 합니다. 쇼핑 계획을 세우고 이야기해 봅시다.

[보기] 지난주에 한국으로 유학을 왔습니다.
아파트를 빌려서 혼자 삽니다.

먼저 가전제품 매장으로 가겠습니다. 텔레비전도 사야 하고 냉장고도 사야 합니다. 그리고 식품 매장에도 가겠습니다. 제가 음식을 만들어야 하기 때문에 요리 재료가 필요합니다.

1) 다음 주부터 여름 휴가입니다.
가족과 함께 해외여행을 가려고 합니다.

2) 졸업을 하고 회사에 취직을 했습니다.
다음 주 월요일부터 출근해야 합니다.

3) 이번 방학에 고향에 가겠습니다.
가족과 친구들에게 줄 선물을 사려고 합니다.

매장 store **재료** ingredient

Dialogue

Maria I am going to a department store. Would you like to come with me?

Miseon What are you buying?

Maria I've got an event in my school so I am thinking to buy a suit.

Miseon Things are good in a department store but too expensive.

Maria But it is hard to select things in the market than in the department store.

Miseon I'll come with you and help you out to choose.

문법 설명

01 –기는 하지만

It is used with a verb to support the positive statement in the first clause but it describes the opposite statement in the second clause. The emphasis is located in the second clause.

• 이 옷은 질이 좋기는 하지만 값이 너무 비싸요.	This clothes is of good quality but it is too expensive.
• 오피스텔이 편하기는 하지만 좀 시끄러워요.	Living in an officestel is convenient but quite noisy.
• 영수와 자주 만나기는 하지만 별로 친하지 않아요.	I often meet Youngsoo but we are not very close.
• 신촌식당은 분위기가 좋기는 하지만 음식값이 너무 비싸요.	The price of food at Shinchon restaurant is expensive but it has a good atmosphere.

02 -을까/ㄹ까 하다

It is used with an action verb and shows an intention or a plan of the speaker. It means that a speaker's intention or plan is uncertain and is still under consideration.

- 방학에 부모님을 모시고 여행을 갈까 해요. — I am thinking of going on a vacation with my parents.
- 영어를 배울까 하는데 어느 학원이 좋아요? — I am thinking of studying English. Do you know any good institutes?
- 이번 크리스마스는 가족과 함께 지낼까 합니다. — I am thinking of spending this Christmas with my family.
- 다음 학기에는 하숙집으로 이사를 할까 합니다. — I am thinking of moving into a boarding house next semester.

02 이거 입어 봐도 돼요?

학습 목표 ● 과제 시장에서 물건사기 ● 문법 -어 보다[2], -는데[3] ● 어휘 옷의 종류와 특징 관련 어휘

미선 씨와 마리아 씨가 무엇을 합니까?
마리아 씨와 가게 주인이 무슨 이야기를 할까요?

CD1:25~26

주인　어서 오세요. 뭘 드릴까요?

마리아　저쪽에 있는 하늘색 정장 좀 보여 주세요.

주인　여기 있습니다. 손님은 얼굴이 하얘서 밝은 색이 잘 어울릴 거예요.

마리아　이거 입어 봐도 돼요?

주인　그럼요. 저기 오른쪽에 갈아입는 곳이 있어요.

마리아　이건 좀 작을 것 같은데 한 치수 큰 것으로 주세요.

하늘색 sky blue
하얗다 to be white
어울리다 to suit
갈아입다 to change
치수 size

어휘

01 여러 가지 옷과 특징입니다.

02 어떤 것들이 어울립니까?

[보기] 한복에는 꽃무늬와 노란색이 잘 어울릴 것 같아요.
그리고 한복은 디자인이 단순한 것이 좋을 것 같아요.

문법 연습

–어/아/여 보다[2]

01 문장을 만드십시오.

[보기] 이 음식은 맛있고 건강에도 좋아요.
쉬우니까 집에서 만들어 보세요.

1) 이 바지가 정말 편해요.

________ 어/아/여 보세요.

2) 웨이 씨가 도와 줄 수 있을 거예요.

________ 어/아/여 보세요.

3) 이 구두를 신으면 발이 편하실 거예요.

________ 어/아/여 보세요.

4) 목소리가 좋아서 노래를 잘 하실 것 같아요.

________ 어/아/여 보세요.

5) 동대문 시장에는 볼 것도 많고 먹을 것도 많아요.

________ 어/아/여 보세요.

-는데, -은데/ㄴ데[3]

02 관계있는 것끼리 연결하고 문장을 만드십시오.

김 선생님을 만나러 갑니다 •	• 빨리 오세요
저도 그 책을 읽고 싶습니다 •	• 같이 식사합시다
눈이 많이 옵니다 •	• 다시 설명해 주세요
이해하기가 어렵습니다 •	• 같이 갑시다
모두가 기다리고 있습니다 •	• 조심해서 운전하십시오
내일이 양견 씨 생일입니다 •	• 좀 빌려 주십시오

[보기] 김 선생님을 만나러 가는데 같이 갑시다.

1) ______________________

2) ______________________

3) ______________________

4) ______________________

5) ______________________

과제 1 말하기

여러분은 시장의 가게 주인입니다. 손님들에게 물건을 추천하십시오.

[보기]

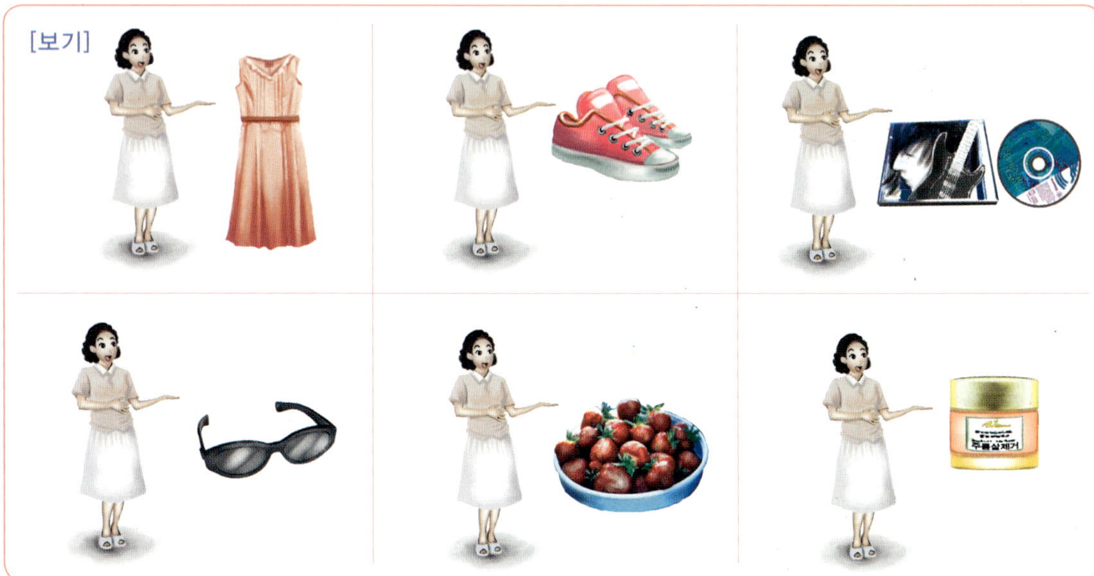

[보기] 이 원피스는 아주 가볍고 시원합니다.
한번 입어 보세요.

-
-
-
-
-

과제 2 말하기

사고 싶은 물건을 선택하고 이야기해 봅시다.

1) 옷 가게에서

[보기] 점원 : 어서 오세요. 뭘 찾으십니까?
손님 : 원피스를 사려고 하는데요.
점원 : 이 분홍색 원피스는 어떠세요?
손님 : 색은 괜찮지만 무늬가 마음에 안 들어요.
점원 : 그럼 이건 어때요? 요즘은 꽃무늬가 유행이에요.
손님 : 좋아요. 그런데 얼마예요?
점원 : 6만 원인데 조금 더 싸게 해 드릴 수 있어요.
손님 : 그럼 5만 5천 원에 주세요.
점원 : 네, 그렇게 하세요. 그리고 다음에 또 오세요.
손님 : 네, 안녕히 계세요.

분홍색 pink

점원 :

손님 :

점원 :

손님 :

점원 :

손님 :

점원 :

손님 :

2) 과일 가게에서

3) 신발 가게에서

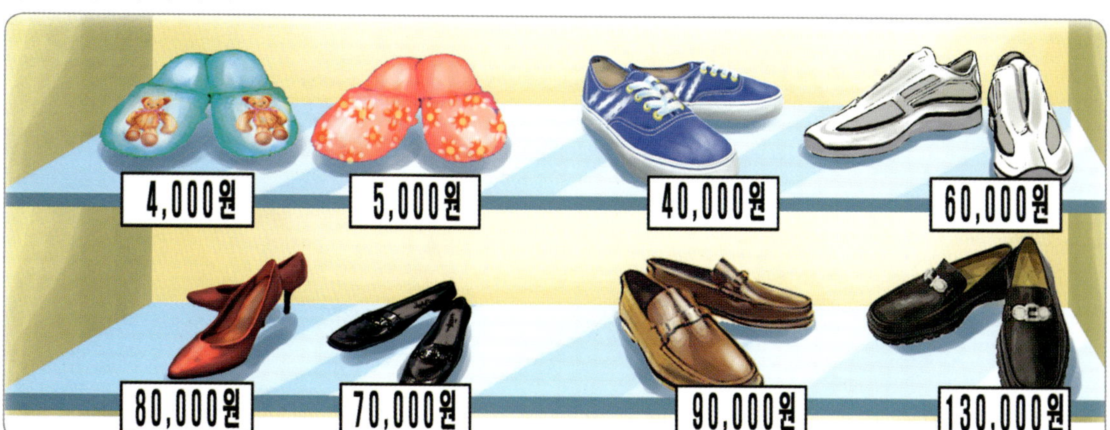

4) 액세서리 가게에서

100,000원
150,000원
200,000원
300,000원
30,000원
50,000원
8,000원
10,000원

Dialogue

Owner Welcome. Can I help you?

Maria Can you show me the sky blue suit over there?

Owner Here you are. I think the bright colors would look nice on you because you have such a white face.

Maria Can I try it on?

Owner Sure. There is a fitting room on your right.

Maria I think this would be a little bit small on me. Can I get one size big?

문법 설명

01 –어/아/여 보다[2]

It is used with an action verb to mean trying something that you haven't done or experienced in the past.

- 유럽에 한번 가 보고 싶습니다. — I would like to go to Europe one day.
- 제가 만든 김밥을 한번 드셔 보세요. — Please try Kimbab I made.
- 누구든지 쉽게 할 수 있으니까 만들어 보세요. — Try making it since everyone can do it easily.
- 이 티셔츠가 마음에 드는데 입어 볼 수 있어요? — I like the T-shirt. Can I try it on?

02 –는데, –은데/ㄴ데[3]

'–은데/ㄴ데' comes with an descriptive verb. '–는데' comes with an action verb. The first clause explains the situation which is known to the speaker and the second clause combines with an imperative or a propositive sentence ending with the content possible in the situation explained in the first clause.

• 맛이 좀 이상한데 버리세요.	It tastes odd. You should trash it.
• 할 일이 많은데 좀 도와주세요.	There are a lot of things to do. Can you help me?
• 심심한데 같이 영화나 볼까요?	We are bored. Shall we go to see movies?
• 지금 비가 많이 오는데 조금 후에 출발합시다.	It is raining a lot. Let's go later.

03 계산은 카드로 하겠습니다

학습 목표 ● 과제 슈퍼마켓에서 물건사기 ● 문법 으로 하다, -어도 ● 어휘 생활필수품 관련 어휘

리에 씨는 무엇을 합니까?
두 사람이 무슨 이야기를 할까요?

CD1:27~28

리에	계산 부탁합니다.
주인	물건을 봉투에 넣어 드릴까요?
리에	아니요. 가방을 가지고 왔어요. 그리고 계산은 카드로 하겠습니다.
주인	여기에 서명해 주세요.
리에	그런데 직접 오지 않고 전화로 주문해도 배달해 줍니까?
주인	네. 아침 10시부터 밤 10시까지 배달해 드립니다.

계산 calculation
봉투 envelope, paper bag
서명하다 to sign
직접 directly/ in person
배달하다 to deliver

어휘

01 슈퍼마켓에서 볼 수 있습니다.

02 다음 물건을 찾으려면 어느 매장으로 가야 합니까?

[보기] 라면 – 식료품 매장

1) 휴지 –

2) 딸기 우유 –

3) 커피 잔 –

4) 쌀 –

5) 껌 –

문법 연습

으로/로 하다

01 대답을 찾아서 쓰십시오.

- 첫째 주는 모두 바쁘니까 둘째 주로 합시다.
- 흰색이나 베이지색으로 하세요.
- 저는 커피로 하겠습니다.
- 한식으로 합시다.
- 학생들이니까 책으로 합시다.
- 카드로 하겠습니다.

[보기] 가 : 뭘 드시겠어요?
나 : 저는 커피로 하겠습니다.

1) 가 : 선물은 뭐가 좋을까요?
나 : ____________

2) 가 : 음식은 뭘로 준비할까요 ?
나 : ____________

3) 가 : 가방은 무슨 색으로 할까요?
나 : ____________

4) 가 : 계산은 어떻게 하시겠습니까?
나 : ____________

5) 가 : 다음 모임은 12월 첫째 주가 어떻습니까?
나 : ____________

-어도/아도/여도

02 그림을 보고 문장을 완성하십시오.

[보기]

비가 와도 여행을 갑니다.

❶ 

아파도 ____________________

❷ 

____________________ 어도/아도/여도 정상까지 가겠어요.

❸ 

____

❹ 

____

❺ 

____

과제 1 말하기

슈퍼마켓에 왔습니다. 무엇으로 하시겠습니까?

[보기] 손님 : 할아버지, 할머니께서 오시는데 무슨 과일이 좋을까요?
점원 : 배로 하세요. 배는 달고 물이 많아서 노인들이 좋아해요.
손님 : 그런데 배는 너무 비싼데요.
점원 : 그럼 사과로 하세요. 이 사과는 별로 시지 않고 맛이 아주 좋아요.

- 손님 : 탕수육을 만들려고 하는데 무슨 고기가 좋을까요?
  점원 : ______________ 값도 싸고 맛도 더 좋아요.
  손님 : 그런데 ______________
  점원 : 그럼 ______________

- 손님 : 라면을 끓일 냄비를 사려고 하는데 어느 것이 좋을까요 ?
  점원 : ______________
  손님 : 그런데 ______________
  점원 : 그럼 ______________

- 손님 : ______________
  점원 : ______________
  손님 : 그런데 ______________
  점원 : 그럼 ______________

- 손님 : ______________
  점원 : ______________
  손님 : ______________
  점원 : ______________

노인 the elderly

과제 2 듣기 [CD1:29]

• 듣고 대답하십시오.

01

1) 이 물건을 사려면 어디로 가야 합니까? (　　　)

❶ 과일 코너

❷ 채소 코너

❸ 생선 코너

❹ 곡물 코너

2) 이 물건의 값은 얼마입니까?

(　　　　　　　　　　)원

02

1) 무엇을 세일합니까? (　　　)

❶ 닭

❷ 인삼

❸ 대추

❹ 삼계탕 재료

2) 지금부터 몇 명이 더 살 수 있습니다?

(　　　　　　　　　　)명

03

1) 세일하기 전에 갈치는 한 마리에 얼마였습니까? (　　　)

❶ 이천 원

❷ 이천오백 원

❸ 오천 원

❹ 만 원

2) 왜 갈치를 세일합니까?

(　　　　　　　　　　　　　　　　)

04

1) 지금은 어느 계절입니까?

(　　　　　　　　　　　　　　　)

2) 연세 아이스크림은 한 개에 얼마입니까? (　　　　)

❶ 이백오십 원

❷ 삼백 원

❸ 오백 원

❹ 천 원

05

1) 무엇을 세일합니까?

(　　　　　　), (　　　　　　)

2) 세일하는 채소를 5개씩 사면 모두 얼마입니까?

❶ 천오백 원

❷ 이천오백 원

❸ 삼천오백 원

❹ 육천 원

세일하다 to sale

Dialogue

Rie	Can you sum up the total amount?
Owner	Would you like a bag for that?
Rie	That's alright. I've got my own bag. I'll pay it by credit card.
Owner	Can you sign here?
Rie	By the way, do you deliver things even if I order on the phone instead of coming to the shop directly?
Owner	Yes. We deliver from 10am to 10pm.

문법 설명

01 으로/로 하다

It is used with a noun and has a meaning of your choice.

• 선물은 케이크로 하는 게 어때요?	What about a cake as a present?
• 책 제목은 '한국어와 함께' 로 했어요.	I named the book title 'Together with Korean Language'
• 회의는 다음 주 월요일 2시로 합시다.	Let's have a meeting at 2pm next Monday.
• 우리 반 대표는 야마다 씨로 하겠습니다.	We decided our class leader Mr. Yamada.

02 –어도/아도/여도

It is used with a verb. Even if we presume that the state or action in the first clause would happen, the result from the first clause would not happen in the second clause.

• 공기가 없어도 살 수 있습니까?	Can we live even without any oxygen?
• 김치는 날마다 먹어도 싫증이 나지 않아요.	I don't get tired of eating Kimchi although I eat it every day.
• 수업 시간에는 모르는 단어가 있어도 사전을 찾지 마세요.	Please, do not look at the dictionary in class even though there are vocabularies you don't know.
• 늦게 오셔도 기념품을 받을 수 있으니까 걱정하지 마세요.	Don't worry! You can also get a souvenir even though you came late.

04 광고를 보니까 10만 원짜리가 좋을 것 같아요

학습 목표 ● 과제 물건 주문하기 ● 문법 -으니까, -었으면 좋겠다 ● 어휘 축하 선물 관련 어휘

제임스 씨가 무엇을 하고 있습니까?
제임스 씨가 무슨 말을 할까요?

CD1:30~31

제임스　여보세요? 꽃바구니를 하나 주문하려고 합니다.

꽃집 주인　어떤 것으로 보내 드릴까요?

제임스　광고를 보니까 10만 원짜리가 좋을 것 같아요.

꽃집 주인　예쁘게 만들어 드리겠습니다.

제임스　선물이 친구 마음에 들었으면 좋겠어요.

꽃집 주인　좋아하실 거예요. 받으실 분의 주소를 말씀해 주세요.

바구니 basket
광고 advertisement
마음에 들다 (something) to suit one's taste

어휘

01 여러 가지 선물이 있습니다.

02 무슨 선물을 하겠습니까?

[보기] 내일은 여자 친구 생일입니다.
꽃다발과 향수를 선물할 거예요.

1) 가 : 내일은 동생 생일입니다.
   나 : ____________________

2) 가 : 사촌 누나가 결혼을 합니다.
   나 : ____________________

3) 가 : 친구가 회사에 취직했습니다.
   나 : ____________________

4) 가 : 동생이 고등학교를 졸업합니다.
   나 : ____________________

5) 가 : 친구가 새 집으로 이사를 했습니다.
   나 : ____________________

문법 연습

-으니까/니까

01 그림을 보고 문장을 만드십시오.

[보기]

집에 가니까 할머니께서 계셨어요.

❶

❷

❸

❹

❺

-었으면/았으면/였으면 좋겠다

02 문장을 만드십시오.

[보기] 내일이 크리스마스입니다.
오늘밤에 눈이 왔으면 좋겠습니다.

1) 오늘은 너무 피곤합니다.

2) 다음 주에 언니가 결혼을 합니다 .

3) 내일 친구들과 놀이공원에 갈 거예요.

4) 저는 내년에 대학교를 졸업해요.

5) 친구가 미국으로 공부하러 가요.

과제 1 쓰기

다음 그림을 보고 순서대로 번호를 쓰십시오.

 (1)	 (　　)	 (　　)
 (　　)	 (　　)	 (　　)

그림의 순서대로 이야기를 만들어서 써 봅시다.

[보기] 집에 오니까 가족들이 없었어요.

과제 2 말하기

전화로 주문해 봅시다.

1) 중국집

[보기] 손님 : 여보세요? 중국집이지요?
점원 : 네, 말씀하세요.
손님 : 자장면 둘하고 짬뽕 셋, 탕수육 하나 배달해 주세요.
점원 : 네, 주소를 말씀해 주세요.
손님 : 여기는 신촌동 145번지예요. 세탁소 옆 하숙집 3층이에요.
점원 : 네, 알겠습니다. 그리고 군만두는 서비스로 드리겠습니다.
손님 : 감사합니다. 그럼 모두 얼마예요?
점원 : 잠시만요. 31,000원입니다. 감사합니다.

점원 :

손님 :

점원 :

손님 :

점원 :

손님 :

점원 :

손님 :

2) 피자 가게

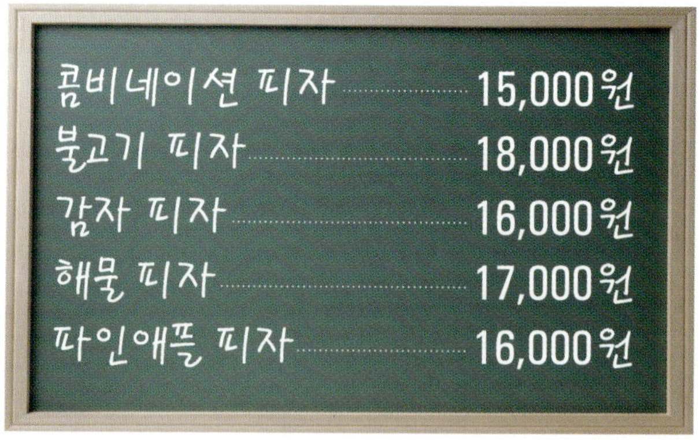

3) 슈퍼마켓

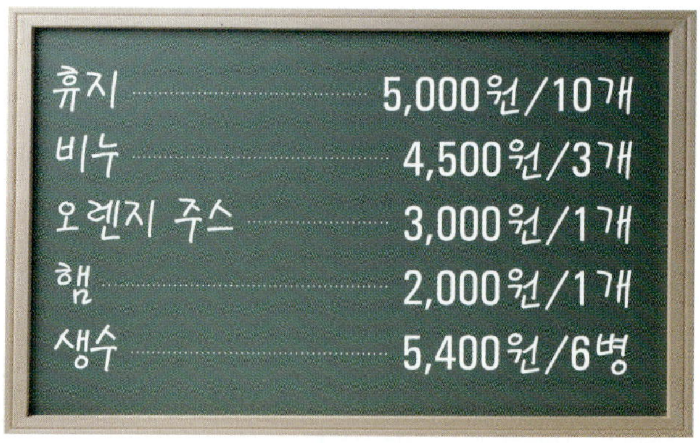

4) 홈쇼핑

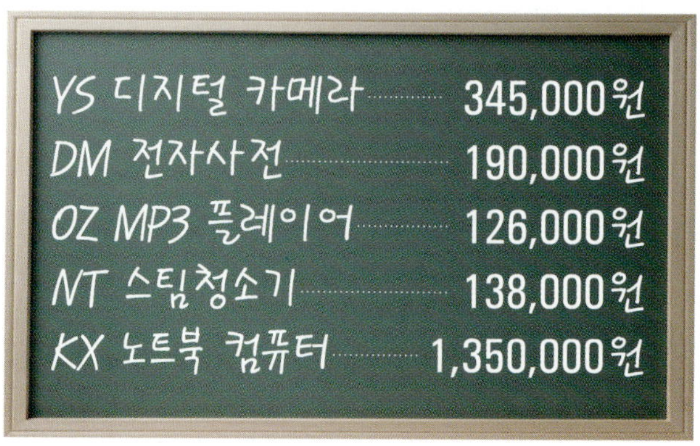

군만두 fried dumpling **서비스** service, free gift **콤비네이션 피자** combination pizza **감자** potato
비누 soap **햄** ham **생수** mineral water **디지털 카메라** digital camera **전자사전** electronic dictionary
MP3 플레이어 MP3 player **스팀 청소기** vacuum machine with steam/wet vacuum

Dialogue

James Hello? I would like to order a basket of flowers.

Florist Which one would you like?

James I guess 100,000 won one would be good from seeing the advertisement.

Florist I'll make it nicely for you.

James I hope my friend would like it.

Florist I am sure your friend would. Can you tell me the address of recipient, please?

문법 설명

01 -으니까/니까

It is used at the end of an action verb to show the discovery or realization of something after the action has happened. The subject in the first clause is a first person, and the subject in the second clause is usually a third person. The speaker doesn't know what would happen in the second clause until the action in the first clause occurs.

- 창밖을 보니까 눈이 오고 있었어요. When I looked outside, it was snowy.
- 집안에 들어가니까 아무도 없었어요. When I came in the house, there was nobody.
- 다시 생각해 보니까 제가 잘못한 것 같아요. When I thought again, it was my fault.
- 김치를 먹어 보니까 제 생각보다 맵지 않아요. When I ate Kimchi, it wasn't hot and spicy than I thought.

02 –었으면/았으면/였으면 좋겠다

It is used with a verb to show someone's desire or hopes.

• 듣기시험이 쉬웠으면 좋겠다.	I hope listening test is easy.
• 올 겨울은 따뜻했으면 좋겠어요.	I hope this winter is warm.
• 한국말을 잘 했으면 좋겠어요.	I wish I could speak Korean well.
• 노래대회에서 우리 반이 1등을 했으면 좋겠어요.	I wish my class won the first place in a singing contest.

05 정리해 볼까요?

01 발음을 연습합시다. [CD1:32]

물건을 고르기가 힘들어요

밝은 색이 잘 어울릴 거예요

직접 오지 않고 전화로 주문해도 배달해 줍니까?

꽃바구니를 하나 주문하려고 합니다

02 여러분이 혼자 생활하려고 합니다. 무슨 물건이 필요할까요?

장소	필요한 물건	이유
방		
부엌		
화장실		

03 다음 문법을 써서 이야기를 완성하십시오.

-기는 하지만	-어/아/여 보다	-는데, -은데/ㄴ데	으로/로 하다
-으니까/니까	-을까/ㄹ까 하다	-었으면/았으면/였으면 좋겠다	

정리

마리아는 지난 주말에 옷가게에 갔습니다.

정리

04 이야기하십시오.

여러분이 가지고 있는 물건을 설명하십시오.

핸드백

산 곳	동대문 시장
값	3만 원
좋은 점	커서 물건을 많이 넣을 수 있다. 튼튼해서 쉽게 찢어지지 않는다.
나쁜 점	흰색이어서 쉽게 더러워진다. 가죽이어서 세탁하기가 어렵다

[보기] 이것은 작년에 제가 동대문 시장에서 산 핸드백이에요.
처음 값은 3만 5천 원이었는데 값을 깎아서 3만 원에 샀어요.
가방이 커서 책 여러 권과 CD 플레이어를 넣고 다녀요.
그리고 튼튼해서 무거운 것을 많이 넣어도 찢어지지 않아요.
그렇지만 흰 색이어서 금방 더러워지는 건 안 좋아요.
그리고 가죽 제품이어서 세탁을 하기도 어려워요.

산 곳	
값	
좋은 점	
나쁜 점	

핸드백 purse/handbag **튼튼하다** to be strong **찢어지다** to be torn
더러워지다 to become dirty **가죽** leather **깎다** to cut (the price) **제품** product

리에가 본 한국

한국의 시장 [CD1:33]

여러분은 한국에서 물건을 살 때 어디로 가세요?
저는 값이 싸고 물건이 많은 남대문 시장과 동대문 시장에 자주 가요.
남대문 시장과 동대문 시장에는 물건을 직접 만드는 가게가 많아요. 가게들은 보통 밤 10시 30분부터 문을 열기 시작해요. 새벽 3시쯤이 되면 손님들이 많이 모입니다. 이런 특별한 광경을 보려고 외국인들도 많이 찾아옵니다.

시장은 백화점보다 주차장과 쉴 곳이 적습니다. 그리고 물건이 마음에 들지 않을 때 바꾸기가 쉽지 않아요. 어떤 시장은 3일이나 5일마다 열리기 때문에 이용하기가 불편합니다. 그렇지만 신선한 식품을 싸게 살 수 있고 주인과 이야기해서 물건 값을 깎을 수 있습니다.
여러분도 시장의 물건 값이 비쌀 때는 이렇게 말해 보세요.
"아저씨(아줌마), 너무 비싸요. 좀 깎아 주세요."
한국에는 특별한 시장도 있습니다. 서울에서 유명한 시장은 한약을 많이 파는 경동시장과 가락동 농수산물시장, 노량진 수산시장, 강남 꽃시장, 종로 보석상가, 그리고 악기로 유명한 낙원상가, 용산 전자상가 등이 있습니다.
이 시장에는 같은 물건들이 모여 있어서 다른 시장에서보다 더 싸게 살 수 있어요.

경동시장

가락동 농수산물시장

노량진 수산시장

종로 보석상가

1. 남대문 시장과 동대문 시장에는 왜 새벽에 사람들이 많이 갈까요?
2. 저는 신선한 채소를 싸게 사고 싶습니다. 어디에 가면 좋을까요?
3. 여러분 나라에도 특별한 시장이 있습니까?

광경 scene **주차장** parking lot **신선하다** to be fresh **특별하다** to be special
한약 oriental medicine **농수산물** agricultural and marine product **보석** jewellery **악기** musical instrument

제4과 초대

01
제목 | 몇 명만 초대해서 저녁이나 같이 먹으려고 해
과제 | 생일에 초대하기
어휘 | 생일 파티 관련 어휘
문법 | 반말 (-어, 이야), 이나' (+동사)

02
제목 | 같이 초대할지 따로 초대할지 결정해
과제 | 집들이에 초대하기
어휘 | 집 관련 어휘
문법 | 반말 (-지 마), -을지 -을지

03
제목 | 결혼 준비 때문에 바쁘겠구나
과제 | 결혼식에 초대하기
어휘 | 결혼식 관련 어휘
문법 | 반말 (-는다, -니?, -어라), -기로 하다

04
제목 | 꽃다발은 내가 사 가지고 갈게
과제 | 모임에 초대하기
어휘 | 모임 관련 어휘
문법 | 반말 (-자), -어 가지고

05
정리해 볼까요?

- 리에가 본 한국
  특별한 날의 선물

01 몇 명만 초대해서 저녁이나 같이 먹으려고 해

학습 목표 ● 과제 생일에 초대하기 ● 문법 반말(-어, 이야), 이나¹ ● 어휘 생일 파티 관련 어휘

미선 씨와 리에 씨가 무엇을 하고 있습니까?
두 사람이 무슨 이야기를 할까요?

CD1:34~35

미선 다음 주 수요일에 내 생일 파티를 하려고 하는데 시간 있어?

리에 응, 다른 약속은 없어. 친구들을 많이 초대할 거야?

미선 아니. 몇 명만 초대해서 저녁이나 같이 먹으려고 해.

리에 무슨 선물을 받고 싶어? 필요한 게 있으면 얘기해.

미선 선물은 안 가지고 와도 되니까 잊지 말고 꼭 와.

리에 그럼 선물은 내가 생각해 보고 준비할게.

파티 party
초대하다 to invite
잊다 to forget
꼭 must/ certainly

어휘

01 생일 파티를 하고 있습니다.

02 빈칸을 채우십시오.

어제는 제 생일이었어요.
한국에서의 첫 번째 생일이어서 친구들을 많이 초대했어요.
저는 친구들이 오기 전에 간단한 음식을 준비했어요.
친구들은 선물도 준비하고 (   )도 써서 저에게 주었어요.
우리는 다 같이 생일 축하 노래를 불렀어요.
제가 생일 케이크의 (   )을/ㄹ 때 친구들은
(   ).
한 친구가 (   )어서/아서/여서 모두 깜짝 놀랐어요.
같이 (   )어서/아서/여서 먹었어요.
정말 즐거운 생일이었어요.

문법 연습

-어/아/여, 이야/야

01 빈칸을 채우십시오.

-어요/아요/여요 → -어/아/여	기숙사에서 살아요	기숙사에서 살아
	친구를 만났어요	
	어디에서 오셨어요?	
	같이 가요	
	지금 얘기하세요	
	일찍 올게요	

이에요/예요 → 이야/야	한국 사람이에요	한국 사람이야
	제 친구예요	
	9시까지 올 거예요	

이나/나[1]

02 그림을 보고 문장을 완성하십시오.

[보기]

가 : 뭘 드시겠어요?
나 : 아직 배가 고프지 않으니까 물이나 좀 주십시오.

❶ 

가 : 졸업한 후에 뭘 하실 거예요?
나 : 시간이 좀 있으니까 ____________

❷ 

가 : 생일에 무슨 선물을 받고 싶으세요?
나 : 선물은 안 받아도 되니까 ____________

❸ 

가 : 같이 영화 보러 갑시다.
나 : 오늘은 피곤하니까 ____________

❹ 

가 : 내일 무슨 음식을 준비하실 거예요?
나 : 준비할 시간이 없으니까 ____________

❺ 

가 : 우리도 저 가수한테 사인을 받읍시다.
나 : 줄이 너무 기니까 ____________

과제 1 쓰기

다음 초대장을 반말로 바꿔 보십시오.

초대합니다

영호 오빠께

영호 오빠,

그동안 잘 지내셨어요?

저는 한국에서 한국말을 배우고 있어요.

다음 주말에 한국말을 배우는 친구들과 같이 파티를 할 거예요.

이번 파티는 다른 나라와 한국을 서로 이해하는 파티예요.

그래서 모든 학생들이 한국 사람들을 한 사람씩 초대할 거예요.

저는 영호 오빠를 초대하고 싶어요.

시간이 있으면 꼭 와 주세요.

시간은 다음주 토요일 오후 7시이고, 장소는 연세대학교 한국어학당이에요.

여러 나라 사람들과 한국말로 이야기하면 재미있을 거예요.

꼭 와 주셨으면 좋겠어요.

그럼 전화 드릴게요.

2007년 12월

리에 올림

이해하다 to understand　모든 all

영호 오빠에게

영호 오빠,

과제 2 쓰고 말하기

사람들과 모임이 있습니다. 모임에서 여러분이 할 일을 계획하십시오.

[보기] **친구 생일 파티**

장소	양견 씨 집
시간	이번 주 토요일 저녁 7시
초대할 사람	양견 씨 한국어학당 친구들과 중국 친구들, 그리고 한국 친구들 모두 15명쯤 초대하면 좋겠어요.
필요한 물건	생일 파티니까 풍선과 샴페인, 케이크를 준비하겠어요.
음악	양견 씨 생일이니까 가수 권진원 씨가 부른 'Happy birthday to you'를 준비하겠어요.
음식	여러 나라 사람이 오니까 샌드위치, 김밥, 탕수육, 샐러드 등 여러 음식을 준비해서 뷔페식으로 차리고 싶어요.

❶ **크리스마스 파티**

장소 ______________________

시간 ______________________

초대할 사람 ______________________

필요한 물건 ______________________

______ ______________________

______ ______________________

뷔페 buffet

❷ 졸업 파티

장소 ______

시간 ______

초대할 사람 ______

필요한 물건 ______

❸ 고향에 돌아가는 친구 송별회

장소 ______

시간 ______

초대할 사람 ______

필요한 물건 ______

Dialogue

Miseon I am planning to have my birthday party next Wednesday. Do you have free time?

Rie Okay. I don't have any other appointment. Are you inviting a lot of friends?

Miseon No. I am inviting only a couple of friends to dinner or something.

Rie What kind of present would you like to get? Tell me if there's something you need.

Miseon Don't worry about a present. Just don't forget to come.

Rie Okay then. I'll prepare the present my own.

문법 설명

01 –어/아/여, 이야/야

The intimate style is a speech mood used to someone who is of an equal or lower status. In terms of the intimate style there are formal and informal speech levels. The final ending of the intimate style is to put '–어/아/여' at the end of a verb-stem, which means that '요' is deleted from the informal polite style of '–어요/아요/여요.' This form could also be used to a person of higher status if she/he is close to the speaker.

- 수업은 9시에 시작해서 1시에 끝나. The class starts at 9am and ends at 1pm.
- 화 났어? 왜 아무 말도 안 해? Are you angry? Why aren't you talking at all?
- 언니, 모르는 단어가 있는데 좀 가르쳐 줘. Sister, teach the meaning of the word which I don't know.

- 너무 더운데 창문을 좀 열까? — Should I open the window because it is hot?

'이야/야' is used for '이에요/예요' after a noun.

- 우리 집은 신촌 근처야. — My house is near by Shinchon.
- 저 사람은 아주 유명한 사람이야. — He/She is a very famous person.

02 이나/나[1]

It is used to express a suggested choice by using at the end of a noun. But the suggestion is not the best option for the speaker. In other words, the speaker can not choose the best one so he/she suggests another option to choose from. In case of putting together with other particles, it adds a meaning of suggestion to the original meaning of the particle.

- 심심한데 영화나 한 편 볼까요? — Shall we watch movies or something since we are bored?
- 방학이 짧아서 공부나 하려고 합니다. — I am thinking of studying because the vacation is short.
- 시간이 없어서 샌드위치나 먹으려고 해요. — I am thinking of having a sandwich or something because I don't have enough time.
- 별일 없으면 같이 동대문 시장에나 갑시다. — If you don't have any special things to do, let's go to Dongdaemoon market or somewhere.

02 같이 초대할지 따로 초대할지 결정해

학습 목표 ● 과제 집들이에 초대하기 ● 문법 반말(-지 마), -을지 -을지 ● 어휘 집 관련 어휘

민철 씨와 제임스 씨가 무엇을 하고 있습니까?
두 사람이 무슨 이야기를 할까요?

CD1:36~37

민철 이사를 했으면 집들이를 해야 돼.

제임스 그래? 그런데 집들이를 어떻게 해야 하지?

민철 어렵게 생각하지 마. 누구누구를 초대하고 싶어?

제임스 반 친구들하고 회사 동료들을 초대하면 좋겠어.

민철 우선 꼭 초대하고 싶은 사람을 적어 봐.
그 후에 같이 초대할지 따로 초대할지 결정해.

제임스 응, 형도 와서 음식 준비를 도와줘야 해.

집들이 house-warming party
동료 co-worker
적다 to jot down
따로 separately
결정하다 to decide

어휘

01 집들이를 할 때 친구들이 집안을 구경합니다.

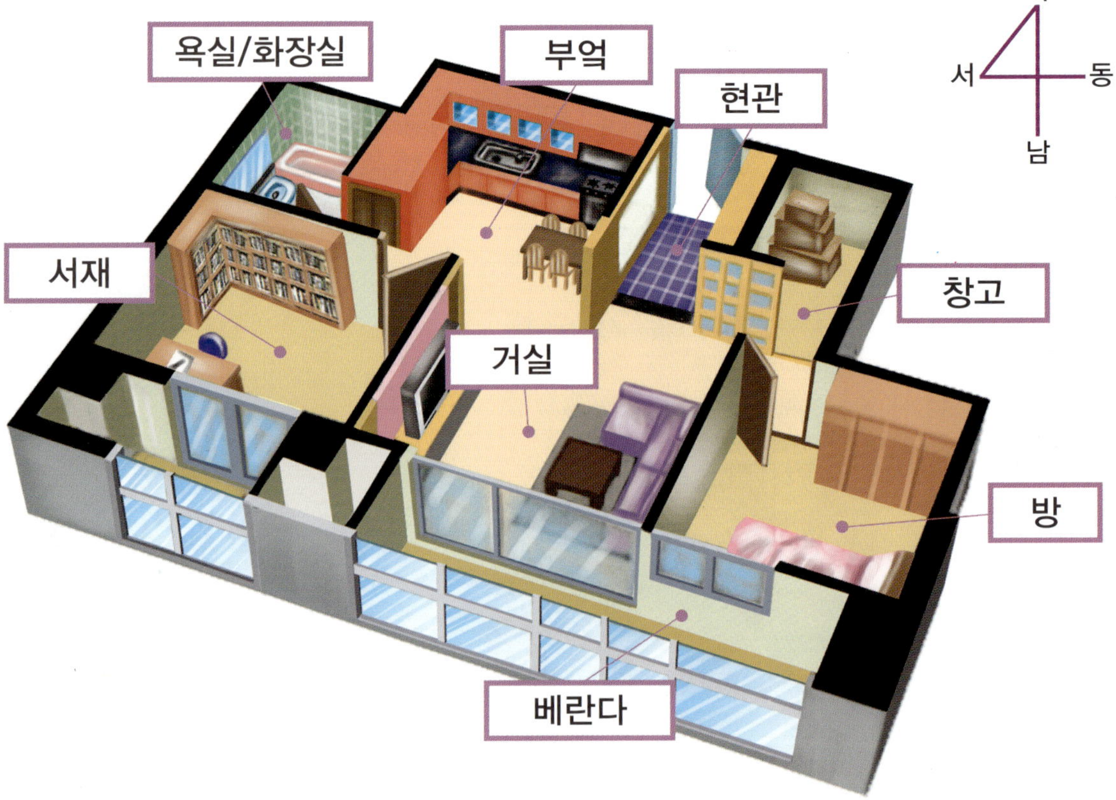

02 여러분이 살고 싶은 집을 그리고 설명하십시오?

문법 연습

반말 : -지 마

01 그림을 보고 이야기합시다.

[보기]

❶

❷

❸

❹

❺

[보기] 밤늦게 피아노를 치지 마. 시끄러우니까.

1.

2.

3.

4.

5.

–을지/ㄹ지 –을지/ㄹ지

02 문장을 연결하십시오.

[보기] 집으로 초대할까요? / 밖에서 만날까요? / 생각해 봅시다
➔ 집으로 초대할지 밖에서 만날지 생각해 봅시다

1) 하숙집에서 살까요? / 기숙사에서 살까요? / 친구들과 이야기하고 있어요

➔ ______

2) 대학원에 갈까요 ? / 취직을 할까요 ? / 아직 결정하지 못했어요

➔ ______

3) 중고차를 살까요? / 새 차를 살까요? / 생각 중입니다.

➔ ______

4) 친구에게 이야기해야 할까요? / 비밀로 해야 할까요? / 잘 모르겠어요

➔ ______

5) 회사를 그만둬야 할까요? / 계속 다녀야 할까요? / 생각하고 있어요

➔ ______

과제 1 쓰고 말하기

저는 이사를 하려고 합니다. 그런데 여러 가지 고민이 있습니다.

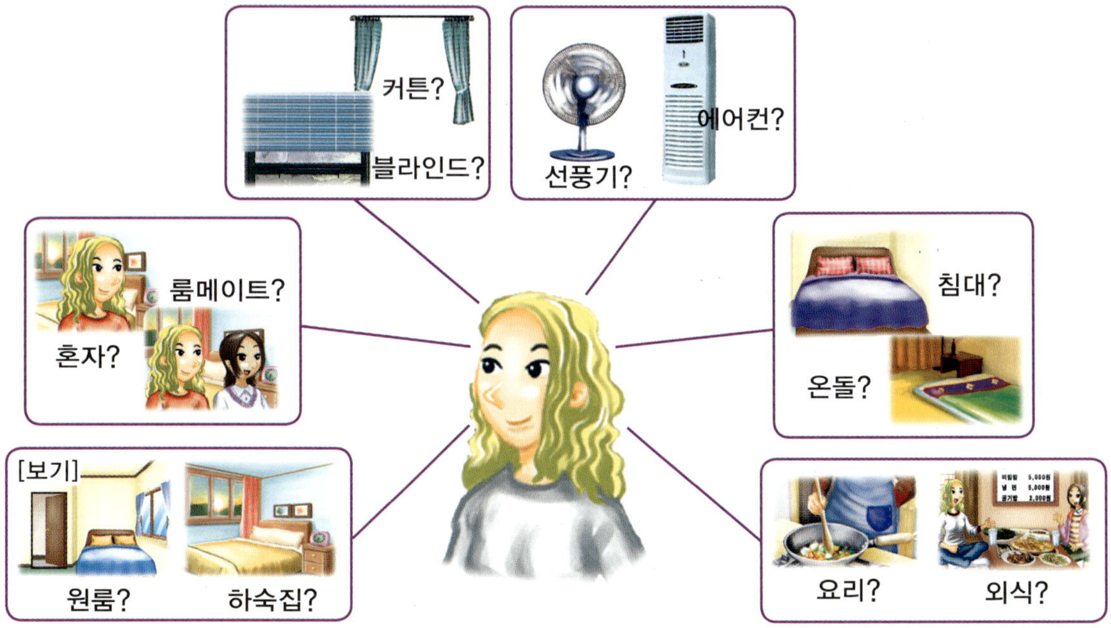

[보기]
저는 한국에서 2년 동안 살 계획이에요. 원룸으로 이사할지 하숙집으로 이사할지 생각 중입니다. 원룸에 살면 자유롭지만 요리하기가 귀찮아요. 하숙집은 식사하기는 편하지만 화장실을 다른 사람들과 같이 써야 하니까 불편할 것 같아요.

1.

2.

3.

4.

5.

고민 worry **커튼** curtain **블라인드** blind **외식** eating out **자유롭다** to be free

과제 2 쓰고 말하기

여러분이 집들이를 합니다. 집들이를 할 때 친구들에게 보여 주고 싶은 것이 있습니까? 그리고 보여 주고 싶지 않은 것이 있습니까? 이야기해 보십시오.

보여 주고 싶은 것	• 공부방을 보여 주고 싶어요. 왜냐하면 공부방에는 한국말 책과 고향 친구들 사진이 있습니다. 그것을 친구들이 보면 좋아할 것 같아요. • • • • •
보여 주고 싶지 않은 것	• 여자 친구에게서 받은 선물을 보여 주고 싶지 않아요. 그것은 여자 친구와 저의 비밀이니까요. • • • • •

Dialogue

Mincheol	You have to have a housewarming party when you moved into a new place.
James	Is it so? Then how should I do the housewarming party?
Mincheol	Don't over think it. Who do you want to invite?
James	I want to invite my classmates and co-workers from my company.
Mincheol	Then, first you should write down people you really want to invite. Then decide whether to invite them all together or separately.
James	Okay, then you must come and help me to prepare the food.

문법 설명

01 The Intimate Style : –지 마

The intimate style of the negative honorific imperative form '–지 마세요' is '–지마', which is the form that the honorific form '–시' and '요' are deleted.

- 늦을 것 같으니까 기다리지 마. Don't wait for me, because I might be late.
- 밤 늦게 피아노를 치지 마. Don't play piano too late at night.

02 –을지/ㄹ지 –을지/ㄹ지

It is used with an action verb and lists the options to choose. Also it states that a speaker is still considering what to select.

• 하숙을 할지 기숙사에 살지 결정하세요.	Please, choose whether you are going to stay in a boarding house or stay at a dormitory.
• 산으로 갈지 바다로 갈지 이야기해 봅시다.	Let's talk about whether we should go to a mountain or a beach.
• 음식을 집에서 만들지 주문할지 의논합시다.	Let's talk about whether we are going to cook at home or deliver.
• 대학원에 갈지 회사에 취직할지 생각 중입니다.	I am thinking whether I should go to graduate school or work.

03 결혼 준비 때문에 바쁘겠구나

학습 목표 ● 과제 결혼식에 초대하기 ● 문법 반말(-는다, -니? -어라) -기로 하다 ● 어휘 결혼식 관련 어휘

두 사람이 무슨 이야기를 할까요?
한국의 결혼식을 보신 일이 있습니까?

CD1:38~39

후배　형, 이거 받으세요. 제 청첩장이에요.

민철　청첩장? 너 결혼하니?

후배　부모님께서 연세가 많으셔서 좀 서둘렀어요.

민철　축하한다. 결혼 준비 때문에 바쁘겠구나.

후배　부모님과 같이 살기로 해서 준비할 게 별로 없어요.

민철　내가 도와줄 일이 있으면 연락해라.

후배 junior
청첩장 wedding invitation card
연세 age
서두르다 to hurry
별로 not much

어휘

01 결혼식에서 무엇을 합니까?

축의금을 내다

예물을 교환하다

축가를 부르다

부케를 던지다

기념 촬영을 하다

피로연을 하다

02 빈칸을 채우십시오.

결혼식을 축하하러 오는 손님은 하객입니다.
하객들은 신랑, 신부에게 선물을 주기도 하고 (   )
기도 합니다. 결혼식장 앞에서 신랑과 신부의 부모님들이 하객들에게 인사를 합니다. 결혼식이 시작되면 신랑과 신부는 하객들 앞에서 영원히 사랑할 것을 약속합니다. 그리고 반지, 시계 등 (   ).
결혼식이 끝나면 가족과 친척들이 모여서 (   ).
신랑과 신부의 친구들도 사진을 찍습니다.
신부가 친구들에게 (   ).
결혼식이 끝나면 (   ).
하객들은 음식도 먹고 같이 이야기도 합니다.

문법 연습

반말 : -는다/ㄴ다, -다, -니?, -어라/아라/여라

01 빈칸을 채우십시오.

-는다/ㄴ다	친구하고 같이 연습합니다	친구하고 같이 연습한다
	매일 신문을 읽습니다	
-다	날씨가 너무 덥습니다	
	그 분은 미국 사람입니다	
-니?	언제 한국에 왔습니까?	
-어라/아라/여라	9시까지 오십시오	
	열심히 공부하십시오	

-기로 하다

02 두 사람이 이야기한 후에 대답하십시오.

[보기]

우리는 점심에 한식을 먹기로 했어요.

❶

❷

❸

❹

❺

과제 1 쓰고 말하기

여러분이 다음 달에 결혼을 합니다. 두 사람이 신랑과 신부가 되어서 이야기하십시오. 여러분이 세운 계획을 이야기해 봅시다.

결혼식 장소	예식장
결혼식 옷	
결혼식 시간	
결혼 예물	
결혼식에 초대할 손님의 수	
결혼식 음식	
신혼 여행	
신혼 집	

[보기] 결혼식 장소

제가 다니는 교회에서 결혼식을 하고 싶었어요. 그런데 교회가 너무 작아서 시내에 있는 예식장에서 하기로 했어요.

1. 결혼식 옷

2. 결혼식 시간

3. 결혼 예물

4. 결혼식에 초대할 손님의 수

5. 결혼식 음식

6. 신혼 여행

7. 신혼 집

과제 2 쓰고 말하기

여러분 나라의 결혼식은 어떻습니까? 쓰고 친구들과 이야기하십시오.

	다른 나라와 다른 것
결혼 전에 하는 것	
결혼식에서 꼭 하는 것	
결혼식 후에 하는 것	

제목 : 우리나라의 결혼식

Dialogue

Junior	Brother, here you are. This is my wedding invitation card.
Mincheol	An invitation card? Are you getting married?
Junior	I hurried a bit since my parents are getting on in years.
Mincheol	Congratulations! You must be busy preparing for your wedding.
Junior	We decided to live together with my parents so I have nothing much to prepare.
Mincheol	Call me if there's anything I can help.

문법 설명

01 -는다/ㄴ다/다, -니?, -어라/아라/여라

'The intimate style of the formal honorific final-ending in a declarative sentence -습니다/ㅂ니다' is '-는다/ㄴ다, -다'. The intimate style of the final-ending in an interrogative sentence '-습니까/ㅂ니까?' is '-니?' The intimate style of the imperative final-ending '-으십시오/십시오' is '-어라/아라/여라'. The intimate style of formal speech can be made to a person of a same or lower status. However it can not be used to an older person. On the other hand the intimate style form can widely be used in journals.

• 네 방 청소는 네가 해라.	You clean your room
• 오후에는 보통 뭘 하니?	What do you normally do in the afternoon?
• 민철아, 결혼을 축하한다.	Mincheol, congratulations on your wedding.
• 오늘은 비가 오고 바람이 많이 불었다.	It rained and was windy today.

02 –기로 하다

It is used after an action verb to indicate that a decision has been made to do that action. Generally it is used in the case when the decision is made after many people discussed it together.

• 회의는 15일에 하기로 했어요.	We decided to have a meeting on the 15th.
• 다음 주에 다시 의논하기로 합시다.	Let's discuss it again next week.
• 주말에 친구와 도서관에 가기로 했어요.	I and my friends decided to go to the library on the weekend.
• 1층 휴게실은 여자들만 사용하기로 했어요.	We decided to use the lounge on the first floor for women only .

04 꽃다발은 내가 사 가지고 갈게

학습 목표 ● 과제 모임에 초대하기 ● 문법 반말(-자), -어 가지고 ● 어휘 모임 관련 어휘

미선 씨와 마리아 씨가 무엇을 하고 있습니까?
두 사람이 어떻게 이야기합니까?

CD1:40~41

미선 금요일 저녁에 같이 음악회에 가자.

마리아 언니, 갑자기 무슨 음악회야?

미선 피아노를 전공한 동창이 음악회를 해. 음악회도 보고 뒤풀이에 가서 친구들도 만나자.

마리아 재미있겠다. 그런 모임에 가 본 적이 없어서 기대가 돼.

미선 수업이 끝나면 우리 집으로 와서 같이 가자.

마리아 알았어. 꽃다발은 내가 사 가지고 갈게.

음악회 music concert
동창 fellow alumnus
뒤풀이 the after-party (social meeting after the main party)
기대가 되다 to be excited

어휘

01 여러 가지 모임이 있습니다.

- 저는 대학생입니다. 대학에 처음 왔을 때는 혼자여서 재미가 없었습니다. 하지만 **동아리**에 들어간 후부터 학교 생활이 즐거워졌습니다. 책읽기를 좋아하는 사람들의 모임입니다.
- 제 취미는 음식 만들기입니다. 특히 한식에 관심이 많아서 한식 **동호회**에 들어갔습니다. 새로운 요리 방법을 배우고 맛있는 음식을 만들어서 먹을 때 정말 즐겁습니다.
- 저는 고등학교 때 같이 공부한 친구들과 두 달에 한 번씩 **동창회**를 합니다. 가끔 선생님을 모시고 옛날이야기도 하고 같이 식사도 합니다.
- 우리 아파트에서는 주민들이 한 달에 한 번씩 모여서 **반상회**를 합니다. 아파트 생활에서 필요한 여러 가지 일들을 이야기합니다.
- 우리 회사에 두 사람이 새로 들어왔습니다. 그래서 이번 주말에 서로 인사도 하고 회사에 들어온 것을 축하하기 위해서 신입사원 **환영회**를 합니다.
- 친구가 다음 주에 캐나다로 돌아갑니다. 그래서 우리들은 오랫동안 만나지 못할 겁니다. 그래서 친한 친구들 몇 명이 모여서 **송별회**를 하기로 했습니다.

02 마리아 씨는 이 사람들과 무슨 모임을 합니까?

____

____

____

____

문법 연습

반말 : -자

01 반말로 대답하십시오.

[보기] 가 : 몇 시쯤 만날까?
나 : 10시쯤 만나자.

1) 가 : 이번 주말에 영화를 보러 갈까?
나 :

2) 가 : 내일은 무엇을 할까 ?
나 :

3) 가 : 도서관에서 같이 공부할까?
나 :

4) 가 : 반 친구 생일 파티를 어디에서 할까?
나 :

5) 가 : 더우니까 에어컨을 켤까?
나 :

－어/아/여 가지고

02 그림을 보고 문장을 만드십시오.

[보기]

➔ 도시락을 준비해 가지고 소풍을 갔어요.

❶

➔ ______________________

❷

➔ ______________________

❸

➔ ______________________

❹

➔ ______________________

❺

➔ ______________________

과제 1 쓰고 말하기

친구에게 여러분의 모임을 소개하고 그 모임에 초대해 보십시오.
(반말로 이야기하십시오.)

[보기] 가 : 이번 주말에 뭘 해?
나 : 사진 동아리에 가.
가 : 사진을 찍는 것을 좋아하는구나.
나 : 응, 사진 찍는 것은 좋아하지만 잘 찍지는 못해.
그런데 동아리에서 선배들에게 배울 수 있으니까 좋은 것 같아.
가 : 나도 며칠 전에 좋은 사진기를 샀는데 아직 잘 찍을 수 없어.
나 : 그러면 나와 같이 우리 동아리에 갈까?
가 : 언제 모이니?
나 : 토요일 2시부터 5시까지 모여. 괜찮으면 같이 가자.
가 : 좋아. 그럼 같이 가자.
나 : 그래. 그럼 토요일에 만나자.

가 :

나 :

가 :

나 :

가 :

나 :

가 :

나 :

가 :

나 :

과제 2 듣고 말하기 [CD1:42]

듣고 어떤 모임인지 이야기해 보십시오.

1. 이 모임은 무슨 모임입니까?

➜ ______

이 모임에서는 무엇을 배울 수 있습니까?

➜ ______

2. 이 모임은 어떤 모임입니까?

➜ ______

이 모임에 가면 무엇을 할 수 있습니까?

➜ ______

3. 이 모임은 겨울에만 있습니까?

➜ ______

왜 이 모임을 만들었습니까?

➜ ______

4. 이 모임의 사람들은 어떤 그림을 그립니까?

➜ ______

그림을 그려서 무엇을 하려고 합니까?

➜ ______

Dialogue

Miseon Let's go to a music concert on Friday evening.

Maria What kind of music concert are you suddenly talking about?

Miseon One of my school mates who majored in music is having a concert. Let's go to the concert and meet other friends at the after-party.

Maria Sounds fun. I am excited because I haven't been to this kind of gathering before.

Miseon After class, come to my house and let's go there together.

Maria Okay. I'll buy and take a bouquet of flowers.

문법 설명

01 The Intimate Style : –자

The intimate style of the formal honorific final-ending in a propositive sentence '–읍시다/ㅂ시다' is '–자.'

- 같이 가자. — Let's go together.
- 다음에 커피나 한잔 하자. — Let's have a cup of coffee next time.
- 어렵겠지만 포기하지 말자. — Let's not give up even though it is difficult.
- 다른 사람들에게 이야기하지 말자. — Let's not talk about it to any other people.

02 –어/아/여 가지고

It is used with an action verb to show the performance in the second clause is done by maintaining or using the content in the first clause.

• 집에서 생각해 가지고 오세요.	Go home and think again then come back.
• 집들이에는 보통 세제를 사 가지고 가요.	People normally bring a washing detergent to a house warming party.
• 은행에서 돈을 빌려 가지고 집을 샀어요.	I bought a house with mortgage from the bank.
• 영어를 배워 가지고 무역 회사에 취직하려고 합니다.	I am going to work in the trading company after learning English.

05 정리해 볼까요?

01 발음을 연습합시다. [CD1:43]

몇 명만 초대해서 저녁이나 같이 먹으려고 해
이사를 했으면 집들이를 해야 돼
내가 도와줄 일이 있으면 연락해라
음악회도 보고 뒤풀이에 가서 친구들도 만나자

02 여기에서 사람들이 무엇을 합니까?

생일 파티	
결혼식	
집들이	

03 반말을 써서 이야기를 완성하십시오.

꼬리로 낚시하는 호랑이

어느 추운 겨울에 호랑이가 숲 속을 다녔어요. '배가 고픈데 뭐 먹을 것이 ____________ (없을까요)?' 하지만 하루 종일 돌아다녀도 배만 고팠어요. 배가 고픈 호랑이는 토끼를 찾았어요. 그래서 한 입에 토끼를 잡아먹으려고 입을 크게 벌렸어요. 그런데 그때 토끼가

정리

살아날 수 있는 좋은 아이디어를 생각했어요. "나 같이 작은 토끼를 먹으면 배가 ________(부르겠습니까)?" "먹을 것이 정말 많은 곳이 있으니까 나를 ________(따라오세요)." 호랑이는 토끼를 따라갔어요. 토끼가 호랑이를 데리고 간 곳은 얼음이 꽁꽁 얼어 있는 강이었어요. 토끼는 호랑이에게 말했어요. "꼬리를 강물에 ________(넣으십시오). 물고기가 꼬리를 많이 물어서 무거워지면 꼬리를 ________(빼세요). 그 물고기를 먹으면 ________(됩니다)" "이렇게 꼬리를 넣으면 ________(됩니까)?" 호랑이가 말했어요. 겨울이어서 아주 추웠어요. 그렇지만 호랑이는 참고 기다렸어요. "꼬리가 무거워지는 것을 보니까 이제 물고기가 많이 잡힌 것 ________(같아요)." 호랑이는 꼬리를 빼고 싶었어요. 그러나 꼬리는 빠지지 않았어요. "토끼야, 거짓말을 ________(했지요)? 빨리 이리 ________(오세요)." 호랑이는 화가 났지만 꼬리가 강 속에 있어서 토끼를 잡을 수 없었어요.

정리

04 다음 상황에 맞게 이야기를 만들어 보십시오.

[상황 1] 친구가 생일이어서 저를 초대했습니다. 하지만 저는 다른 약속이 있습니다. 중요한 약속이기 때문에 취소할 수 없습니다. 친구 생일 파티에 갈 수 없습니다.

친구 : 토요일에 생일 파티를 하려고 하는데 올 수 있니?

나 : ________________

친구 : ________________

나 : ________________

친구 : ________________

나 : ________________

친구 : ________________

나 : ________________

[상황 2] 친구가 회사에서 승진을 했습니다. 친구는 동료들을 초대해서 한턱내려고 합니다. 평일이어서 저는 좀 바쁩니다. 하지만 특별한 약속이 없으니까 갈 수 있습니다.

친구 : 다음 주 화요일 저녁에 시간 있어?

나 :

친구 :

나 :

친구 :

나 :

친구 :

나 :

낚시하다 to go fishing **종일** whole day **토끼** rabbit **잡다** to catch **살아나다** to be alive **승진** promotion

리에가 본 한국

특별한 날의 선물 [CD1:44]

저는 친구와 같이 돌잔치에 갔습니다. 아기의 첫 번째 생일 파티였습니다. 친구는 돌잔치에 가기 전에 보석상가에 가서 아기 금반지를 하나 샀습니다. 아기가 부자가 되고 또 건강하게 살기를 바라는 의미였어요.

한국 사람들은 특별한 날 특별한 선물을 합니다. 이사를 한 다음에 처음으로 그 집에 초대를 받았을 때는 초, 비누를 선물합니다. 촛불이나 비누 거품처럼 크게 부자가 되기를 바라는 의미예요. 그런데 요즘은 풍습이 달라져서 생활에 필요한 물건을 선물하는 사람들이 많아졌어요.

또 중요한 시험을 보는 사람들에게는 엿과 찹쌀떡을 선물해요. 엿과 찹쌀떡은 잘 붙으니까 시험에도 잘 붙기를 바라는 거예요.

결혼식에는 돈을 가지고 가요. 결혼 준비에 돈이 많이 들기 때문에 돈을 주면 신랑, 신부에게 도움이 될 것 같아요.

선물은 나라마다 다르고 그 의미도 달라요.

돌반지

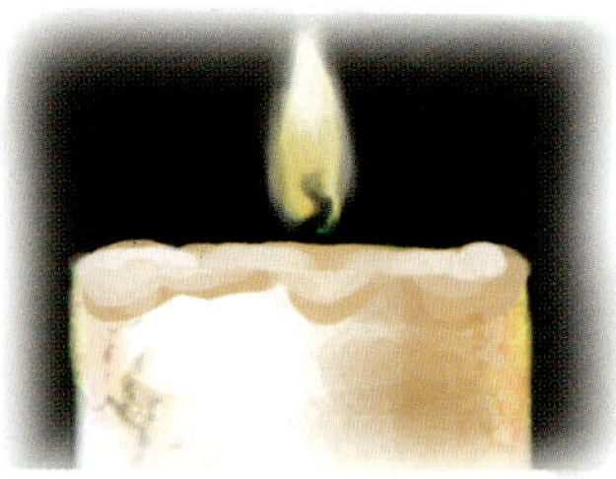
초

비누

엿

찹쌀떡

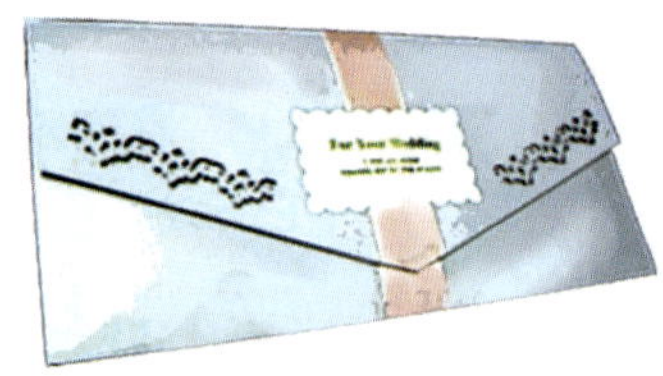
축의금

1. 여러분 나라의 특별한 선물을 이야기해 봅시다.
2. 여러 가지 선물의 의미를 이야기해 봅시다.

돌잔치 first-year-birthday **금반지** gold ring **거품** bubbles **의미** meaning **시험에 붙다** to pass an exam

제5과 교통

01

제목 | 놀이 공원에 어떻게 가는지 아세요?
과제 | 교통편 묻기
어휘 | 교통편 관련 어휘
문법 | -는지 알다/모르다, 으로(선택)

02

제목 | 경복궁역에 가려면 몇 번 버스를 타야합니까?
과제 | 버스 이용하기
어휘 | 버스 관련 어휘
문법 | -으려면, 이나[2]

03

제목 | 밖으로 나갔다가 다시 들어오셔야 합니다
과제 | 지하철 이용하기
어휘 | 지하철 관련 어휘
문법 | -었다가, -나요?

04

제목 | 가까워 보이는데 버스를 타야 합니까?
과제 | 길 묻기
어휘 | 교통 표지판 관련 어휘
문법 | -어 보이다, -다가

05

정리해 볼까요?

- 리에가 본 한국
  서울의 버스

01 놀이 공원에 어떻게 가는지 아세요?

학습 목표 ● 과제 교통편 묻기 ● 문법 -는지 알다/모르다, 으로 ● 어휘 교통편 관련 어휘

두 사람은 무슨 이야기를 하고 있습니까?
리에는 어디에 가려고 합니까?

CD1:45~46

리에 주말에 친구들과 같이 놀이 공원에 가려고 해요.

영수 놀이 공원에 어떻게 가는지 아세요?

리에 아니요. 여기에서 직접 가는 버스가 있어요?

영수 직접 가는 버스는 없으니까 지하철을 타세요.

리에 지하철은 한 번만 타면 돼요?

영수 아니요. 충무로에서 4호선으로 갈아타야 돼요.

놀이 공원 amusement park
번 number, time
충무로 Chungmu-ro
호선 line
갈아타다 to change, transfer

어휘

01 한국의 대중교통 수단입니다.

버스	택시	기차
 고속버스	 일반택시	 무궁화호
 시내버스	 개인택시	 새마을호
 마을버스	 모범택시	 KTX

02 단어를 쓰십시오.

1) 지하철역에서 아파트, 집 근처의 길 등
가까운 거리를 다니는 버스예요. (　　　　　)

2) 서울에서 부산까지 두 시간 반쯤 걸려요.
제일 빠른 기차예요. (　　　　　)

3) 서울에서 광주, 광주에서 부산 등 먼 거리를
쉬지 않고 한 번에 가는 버스예요. (　　　　　)

4) 다른 택시보다 비싸지만 택시 기사가 정말 친절해요. (　　　　　)

5) 여러 역에서 서기 때문에 시간이 많이 걸리지만
요금이 싼 기차예요. (　　　　　)

문법 연습

–는지 알다/모르다, –은지/ㄴ지 알다/모르다

01 대답하십시오.

[보기] 가 : 오후 수업이 몇 시에 끝나는지 알아요?
나1 : 네, 오후 수업이 몇 시에 끝나는지 알아요. 4시에 끝나요.
나2 : 아니요, 오후 수업이 몇 시에 끝나는지 몰라요.

1) 가 : 지하철 몇 호선이 월드컵 경기장에 가는지 알아요?
나 : 네, ＿＿＿＿＿＿ 는지 알아요. ＿＿＿＿＿＿

2) 가 : 인천 공항에 가는 버스가 몇 분마다 있는지 알아요?
나 : 네, ＿＿＿＿＿＿ 는지 알아요. ＿＿＿＿＿＿

3) 가 : 선생님께서 몇 년 전에 학교를 졸업하셨는지 ＿＿＿＿＿＿
나 : 아니요, ＿＿＿＿＿＿ 는지 몰라요.

4) 가 : 시내버스비가 얼마인지 알아요?
나 : 네, ＿＿＿＿＿＿ 인지 알아요.

5) 가 : 요즘 극장에서 무슨 영화를 하는지 알아요?
나 : 아니요, ＿＿＿＿＿＿ 는지 몰라요.

으로/로

02 그림을 보고 질문에 대답하십시오.

[보기]

가 : 서울역에 가고 싶은데 몇 번 버스로 갈아타야 합니까?
나 : 서대문에서 161번 버스로 갈아타야 합니다.

❶

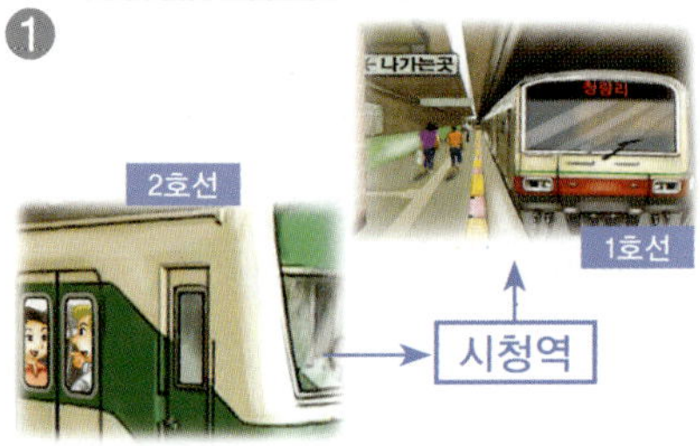

가 : 청량리에 가고 싶은데 시청 역에서 몇 호선으로 갈아탑니까?
나 : ....

❷

가 : 옷을 어떤 색으로 바꾸고 싶습니까?
나 : ....

❸

가 : 어떤 신발로 갈아신을까요?
나 : ....

❹

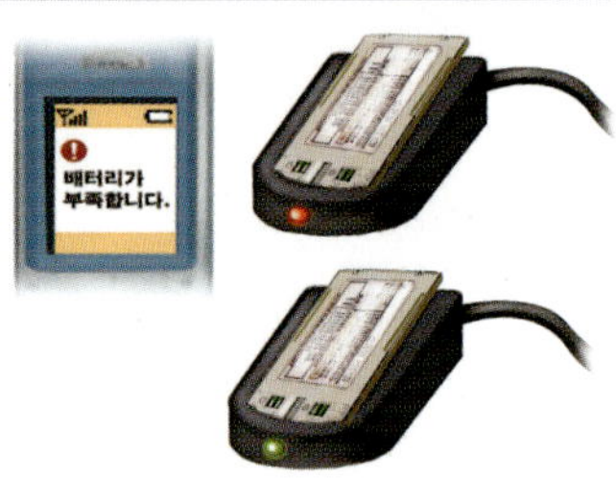

가 : 어떤 배터리로 갈까요?
나 : ....

❺

가 : 어느 나라 돈으로 바꾸실 거예요?
나 : ....

과제 1 말하기

여러분이 가고 싶은 곳을 이야기해 봅시다.

[보기] 가 : 서울 타워에 어떻게 가는지 아세요?
나 : 네, 알아요. 지하철을 타고 서울역까지 가세요.
서울역에서 남산 도서관에 가는 버스를 타세요.

가 : ____________________

나 : ____________________

서울 타워 Seoul tower **남산 도서관** Namsan library

과제 2 말하기

다음 사진을 보고 이야기해 봅시다.

이층 버스

수상 버스

씨클로

트램

케이블카

모노레일

1) 어느 나라에서 볼 수 있습니까?

2) 여러분은 무엇을 타고 싶습니까?

3) 이것들의 좋은 점은 무엇입니까?

점 point/ aspect

Dialogue

Rie	I am planning to go to the amusement park with my friends on the weekend.
Youngsoo	Do you know how to get to the amusement park?
Rie	Not really. Are there any direct buses from here?
Youngsoo	There is no direct bus, so you'd better take a subway.
Rie	If I take the subway, can I take the train just once?
Youngsoo	No, you have to transfer to line 4 at Chungmuro.

문법 설명

01 -는지 알다/모르다, -은지/ㄴ지 알다/모르다

It is used with a verb to show whether or not a speaker knows a certain fact. '-는지, 은지/ㄴ지' should be used when a clause comes before '알다/모르다'. An interrogative word should be used in the sentence. For example, when Cheolsoo knows when a teacher comes you would say "철수는 선생님이 언제 오시는지 알아요".

• 우리 반에서 누가 제일 마음씨가 좋은지 알아요?	Do you know who is the nicest person in our class?
• 저는 그 공원에 어떻게 가는지 알아요.	I know how to get to the park.
• 가 : 백화점이 어디에 있는지 알아요?	A : Do you know where a department store is?
나1 : 백화점이 어디에 있는지 알아요. 지하철 역 근처에 있어요.	B1: I know where it is. It is near the subway station.
나2 : 미안해요. 백화점이 어디에 있는지 몰라요.	B2: I am sorry. I don't know where the department store is.

02 으로/로

It comes before an action verb indicating change to express the selection of an exchanging object. In the case of transferring to bus #272 among variety of bus numbers, you would say '272번 버스로 갈아탔어요'. Its use is restricted to verbs with meanings related to exchange, such as '갈아타다, 갈아입다, 바꾸다; to transfer, to change (clothes), to exchange', etc.

- 다음 정류장에서 272번 버스로 갈아타세요. — Change to bus number 272 at the next stop.
- 옷이 더러우니까 새 옷으로 갈아입으세요. — Change to new clothes because your clothes are dirty.
- 만 원짜리를 천 원짜리 열 장으로 바꿔주세요. — Exchange (change) 10,000won bill to ten 1,000won bills.
- 조금 더 큰 옷으로 바꾸는 것이 좋겠어요. — I'd better change to a bigger size.

02 경복궁역에 가려면 몇 번 버스를 타야 합니까?

학습 목표 ● 과제 버스 이용하기 ● 문법 -으려면, 이나[2] ● 어휘 버스 관련 어휘

여기는 어디입니까?
리에는 무엇을 하고 있습니까?

CD1:47~48

리에	경복궁역에 가려면 몇 번 버스를 타야 합니까?
아주머니	파란색 272번 버스를 타세요.
리에	경복궁역까지 얼마나 걸려요?
아주머니	한 30분쯤 걸릴 거예요.
리에	30분이나요?
아주머니	보통 출퇴근 시간에는 그 정도 걸려요.

경복궁역 Gyeongbokgung
한 around
보통 normally
출퇴근 going to and coming from the office
정도 about

어휘

01 버스를 탈 때 볼 수 있는 단어입니다.

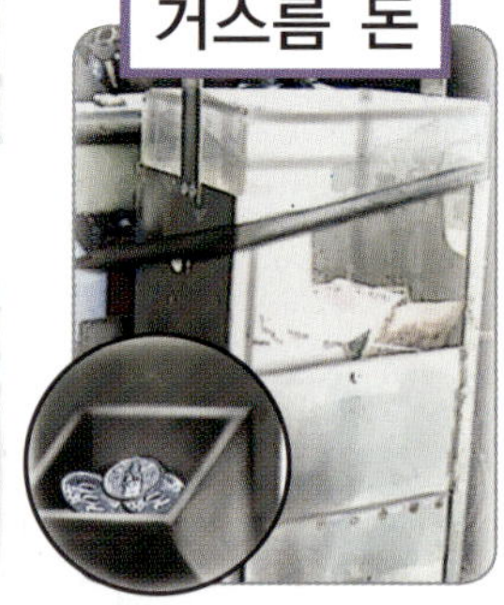

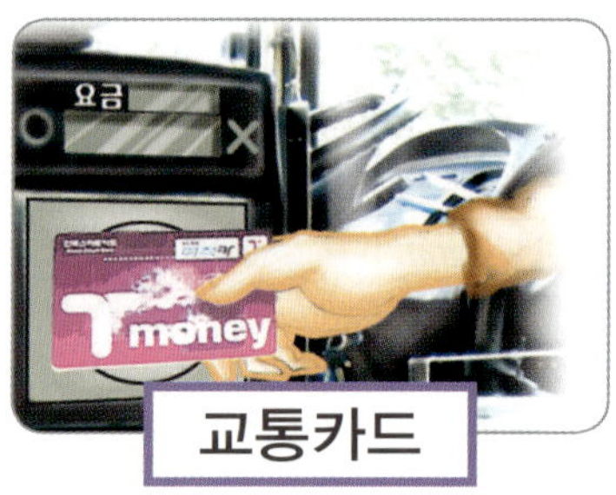

02 (   )에 알맞은 단어를 쓰십시오.

1) 버스를 탈 때는 버스 (   )에 가세요. 버스 (   )을/를 보고 몇 번 버스를 탈지 정하세요.

2) 버스는 보통 앞에 있는 문으로 (   )을/를 하고, 뒤에 있는 문으로 (   )을/를 합니다.

3) 차에 오르면 (   )에 (   )을/를 대야 합니다. (   )이/가 없으면 돈을 내고 (   )을/를 받을 수 있습니다.

4) 버스 안에는 (   )과/와 일반석이 있습니다. (   )은/는 어린이나 노인들, 몸이 아픈 사람을 위한 자리입니다.

5) 다음 (   )에서 (   )하고 싶으면 창문 옆에 있는 (   )을/를 눌러야 합니다.

문법 연습

-으려면/려면

01 대답을 쓰십시오.

[보기] 가 : 한국어를 잘 하고 싶어요.
나 : 한국어를 잘 하려면 한국 친구를 사귀세요.

1) 가 : 내년에 유학을 가고 싶어요.
나 : ____________________

2) 가 : 좋은 회사에 취직을 하고 싶어요 .
나 : ____________________

3) 가 : 건강해지고 싶어요.
나 : ____________________

4) 가 : 비행기표를 싸게 사고 싶어요.
나 : ____________________

5) 가 : 서울의 야경을 보고 싶어요.
나 : ____________________

이나/나²

02 그림을 보고 대화를 만드십시오.

[보기]

가: 철수가 자장면을 오 인분 먹었어요.
나: 오 인분이나요?

❶

가 : 생일 선물로 꽃을 백 송이 받았어요.
나 : ______________________________?

❷

가 : 저는 아이를 다섯 명 낳을 거예요.
나 : ______________________________?

❸

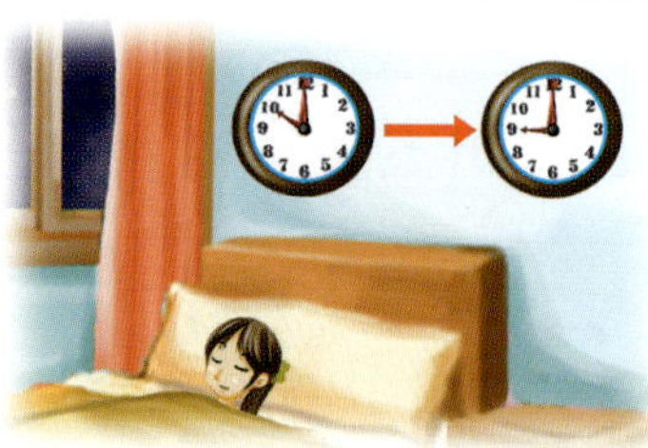

가 : 어제는 잠을 열한 시간 잤어요.
나 : ______________________________?

❹

가 : 저는 구두가 스무 켤레 있어요.
나 : ______________________________?

❺

가 : 어제는 소설책을 일곱 권 읽었어요.
나 : ______________________________?

과제 1 쓰기

신촌에서 분당까지 가고 싶습니다. 어떻게 갑니까?

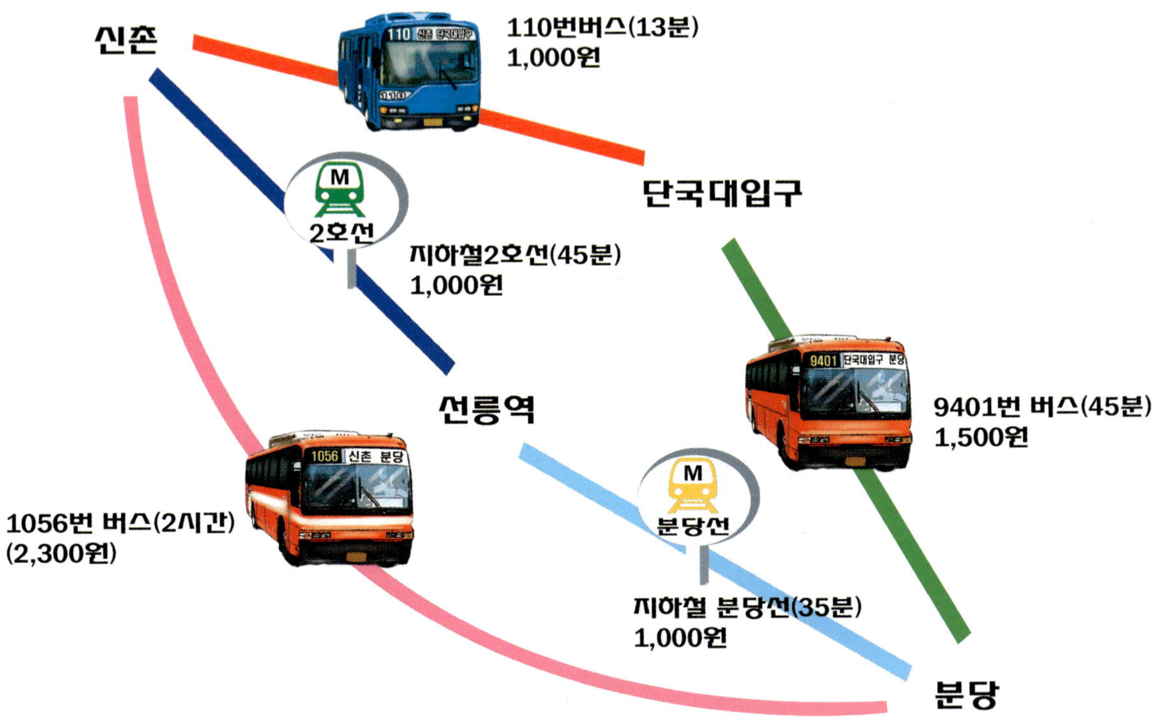

- 빨리 가는 방법

  신촌에서 분당까지 빨리 가려면 110번 버스를 타고 단국대 입구에 가서 9401번 버스로 갈아타야 합니다.

- 싸게 가는 방법

- 편하게 가는 방법

- 여러분의 집에서 학교까지 가는 여러 가지 방법을 이야기하십시오.

분당 Bundang area　여러분 all of you

과제 2 말하기

다음은 272번 버스 노선도입니다.

B 272번 버스 노선도

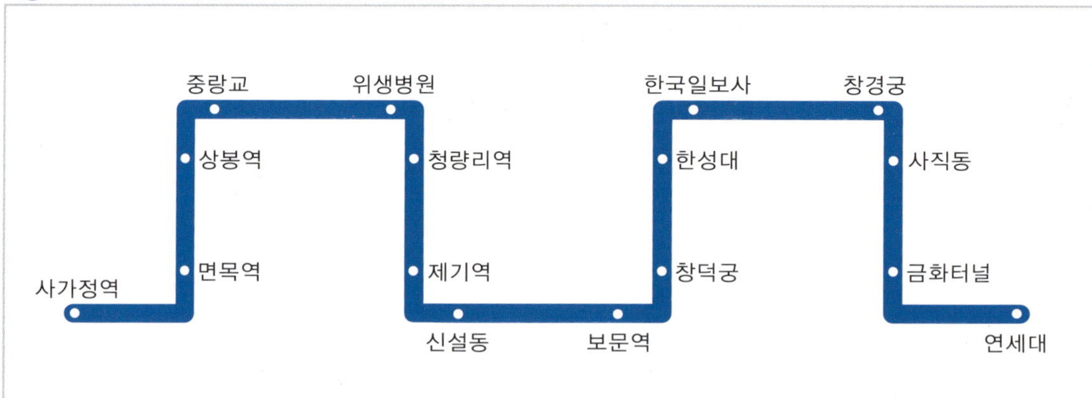

첫차 04:00분 / **막차** 23:00(기점 기준) | **운행시간** 119분, 90대 | **배차** 5분

1) 272번 버스는 어디에서 어디까지 갑니까?

2) 272 번 버스를 타면 어디에 갈 수 있습니까 ?

3) 여러분 집 앞에는 몇 번 버스가 있습니까?

4) 그 버스를 타면 어디에 갈 수 있습니까?

Dialogue

Rie	Can you tell me which bus number I should take to go Gyeongbokgung?
Lady	You can take blue bus number 272.
Rie	How long does it take to Gyeongbokgung?
Lady	It will take about 30 minutes.
Rie	30 minutes? That long?
Lady	Normally it takes about that long in rush hour.

문법 설명

01 –으려면/려면

It is used with an action verb to show a conditional desire like 'if you want to do something.' When the verb ends in a consonant, use '–으려면'. When the verbs ends in a vowel, use '–려면'.

• 종합 운동장에 가려면 몇 번 버스를 타야 합니까?	If I go to the Sports Complex, which bus should I take?
• 좋은 자리에 앉으려면 일찍 가야 합니다.	If you want to have a good seat, you should leave early.
• 버스를 타려면 교통카드가 있어야 해요.	If you want to get on the bus, you'd better bring a transportation pass card.
• 지각하지 않으려면 뛰어야 합니다.	If you don't want to be late, you should run.

02 이나/나

It is used with a noun to express the speaker's feeling that the quantity is large. When a noun ends in a consonant, use '이나', when a noun ends in a vowel, use '나'.

• 가: 내 동생은 하루에 다섯 번 먹어요.	A : My brother eats five times a day.
나: 다섯 번이나요?	B : Five times (that much)?
• 가: 어제는 친구와 같이 세 시간 걸었어요.	A : I walked for three hours with my friend yesterday.
나: 세 시간이나요?	B : Three hours (that much)?
• 한국에 5년이나 살았지만 한국말을 잘 못해요.	I have been living in Korea for five years but I am not good at Korean.
• 어제 아이스크림을 다섯 개나 먹었어요.	I ate as many as five ice creams yesterday.

03 밖으로 나갔다가 다시 들어오셔야 합니다

학습 목표 ● 과제 지하철 이용하기 ● 문법 -었다가, -나요? ● 어휘 지하철 관련 어휘

두 사람은 어디에 있습니까?
리에는 무엇을 하고 있습니까?

CD1:49~50

리에 아저씨, 이쪽에서 타면 과천에 갈 수 있어요?

아저씨 아니요, 잘못 오셨어요. 반대쪽 승강장으로 가셔야 돼요.

리에 반대쪽으로 어떻게 가나요?

아저씨 밖으로 나갔다가 다른 쪽으로 다시 들어가셔야 합니다.

리에 요금을 다시 내야 하나요?

아저씨 역무원에게 이야기하면 안 내도 될 거예요.

과천 Gwacheon
반대 opposite
승강장 platform
요금 fare
역무원 station master
내다 to pay

어휘

01 지하철에서 볼 수 있는 단어입니다.

02 빈 칸을 채우십시오.

1) 지하철을 타는 곳은 역입니다. 역 중에서 다른 지하철로 갈아탈 수 있는 역은 (   )역입니다.
2) 지하철의 마지막 역은 알면 편리합니다. 마지막 역이 수원일 때 안내 방송에서는 "수원행 열차가 들어옵니다."라고 하기 때문입니다.
3) 열차를 기다리는 곳은 (   )입니다. (   )이/가 들어오면, 승객들은 안전을 위해서 (   ) 뒤로 한 걸음 물러나는 것이 좋습니다.
4) 열차가 멈추고 (   )이/가 열리면, 사람들이 열차에서 내립니다.

문법 연습

-었다가/았다가/였다가

01 그림을 보고 문장을 만드십시오.

[보기]

선생님이 앉았다가 일어났습니다.

❶

❷

❸

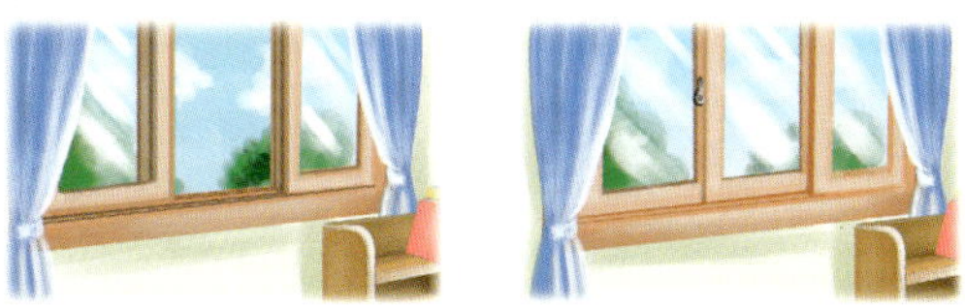

❹

❺

-나요, 은가요/ㄴ가요?

02 대답을 보고 질문을 만드십시오.

[보기] 가 : 어제 전자사전을 하나 샀어요.
나 : 어디에서 샀나요?
가 : 전자 상가에서 샀어요.

1) 가 : 제 생일 파티에 오세요.
나 : ______________________?
가 : 다음 주 토요일이에요.

2) 가 : 가까운 지하철역에서 만나요.
나 : ______________________?
가 : 신촌 역이 가까워요. 집 근처에 있어요.

3) 가 : 반 친구들과 같이 여행을 가기로 했어요.
나 : ______________________?
가 : 4명이 같이 갈 거예요. 재미있을 거예요.

4) 가 : 어제 선생님과 같이 저녁을 먹었어요.
나 : ______________________?
가 : 한식을 먹었어요. 아주 맛있었어요.

5) 가 : 빨리 끝내세요. 시간이 얼마 남지 않았어요.
나 : ______________________?
가 : 10분쯤 남았어요.

과제 1 말하기

다음 표를 보고 질문하십시오.

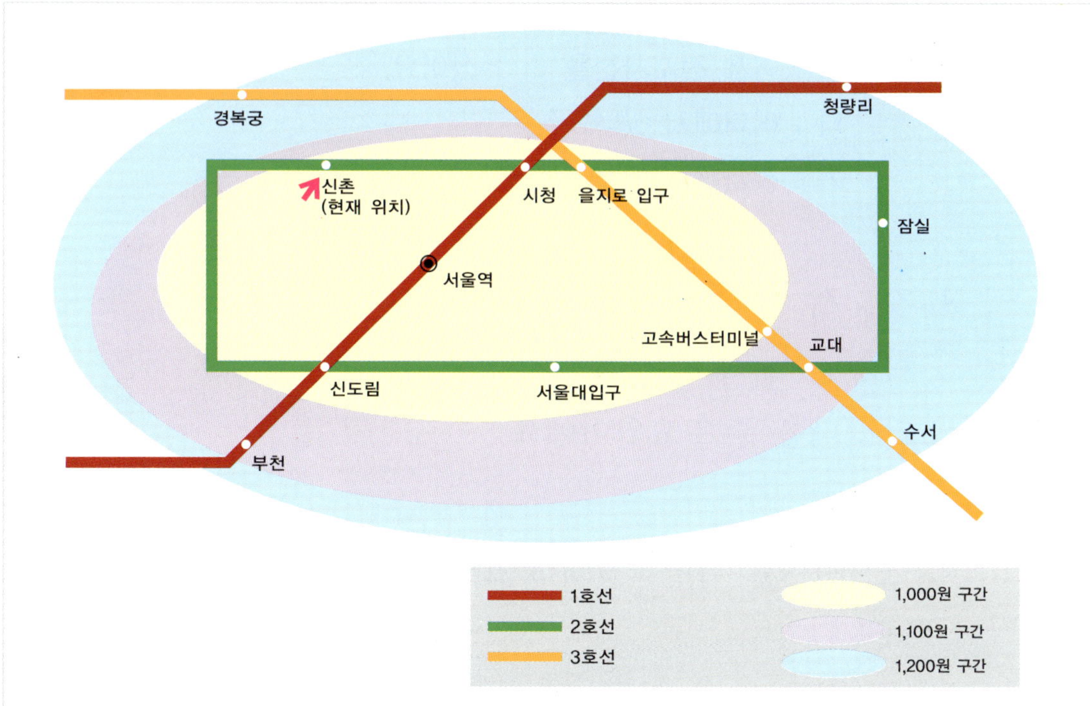

장소	서울역			
요금	1,000원			
가는 방법	2호선/1호선			
걸리는 시간	20분			

[보기] 가 : 신촌에서 서울역까지 어떻게 가나요?
나 : 2호선을 타고 시청까지 가서 시청에서 1호선으로 갈아타세요.
가 : 요금은 얼마인가요?
나 : 1,000원이에요.

가 :

나 :

가 :

나 :

구간 section, zone

과제 2 듣고 쓰기 [CD1:51]

지하철 안내 방송을 듣고 질문에 대답하십시오.

[보기] 가 : 이 열차는 어디까지 갑니까?
나 : 청량리까지 갑니다.

1) 가 : 어느 쪽으로 내려야 합니까?
나 : ______

2) 가 : 마천 쪽으로 가려면 몇 호선으로 갈아타야 합니까?
나 : ______

3) 가 : 이 열차를 타고 계속 갈 수 있습니까?
나 : ______

4) 가 : 이번 역은 타고 내릴 때 왜 조심해야 합니까?
나 : ______

5) 가 : 무엇을 주의해야 합니까?
나 : ______

6) 가 : 어떤 사람들이 있으면 자리를 양보해야 합니까?
나 : ______

방송 broadcast **주의하다** to be careful about **양보하다** to yield

Dialogue

Rie	Excuse me, sir. Can I get to Kwachoen from this side?
Man	Not really. You are on the wrong platform. You have to go to the platform on the opposite side.
Rie	How do I get to the opposite side?
Man	You have to go outside and come inside again on the other side.
Rie	Do I have to pay the fare again?
Man	You may not need to pay it if you talk to the station master.

문법 설명

01 –었다가/았다가/였다가

It is used with an action verb to indicate completion of the action of the preceding verb before the action of the following verb which is opposite to the preciding action. For instance, when you first went to school and then came back home, you would say '학교에 갔다가 왔어요'. It sounds natural when the subjects are the same in the first and the second clauses and the meaning of the verbs in each clause is opposite.

- 창문을 열었다가 닫았어요. — I opened the window but I closed.
- 옷을 입었다가 더워서 벗었어요. — I put on the clothing but I took it off because it was hot.
- 버스를 탔다가 잘못 타서 내렸어요. — I got on the bus but I got off because I got on a wrong bus.
- 옷을 샀다가 너무 커서 바꾸었어요. — I bought the clothing but I exchanged it because it was too big.

02 –나요, 은가요/ㄴ가요?

It is to make a question by using with an action verb. It is similar with '–어요?' but used in a spoken language. In particular, it sounds natural when the speaker and the listener share the background about a sentence. Use '–은가요/ㄴ가요?' after a descriptive verb. Using '–인가요?' after a noun and pronoun, and use '–나요?' after an action verb. '–나요' can be used after '–었/았/였–', '–겠–', and '있다/없다', as well.

• 가 : 제 고향은 생선이 많아요.	A : My hometown has a lot of fish.
나 : 그럼, 에릭 씨 고향은 바다에서 가까운가요?	B : Then, is your hometown close to sea, Eric?
• 가 : 일이 끝나면 같이 식사합시다.	A : How about having a dinner after work?
나 : 언제 일이 끝나나요?	B : When will you finish the work?
• 가 : 그 음식은 정말 맛이 이상해요.	A : The food tastes wired.
나 : 이 음식을 전에 먹은 적이 있나요?	B : Have you ever eaten this food before?
• 가 : 이제 출발합시다.	A : Let's go now.
나 : 식사를 다 하셨나요?	B : Have you finished eating?
• 가 : 제 차로 같이 갑시다.	A : Let's go together by my car.
나 : 언제 출발하실 건가요?	B : When will you start?

04 가까워 보이는데 버스를 타야 합니까?

학습 목표 ● 과제 길 묻기 ● 문법 -어 보이다, -다가 ● 어휘 교통 표지판 관련 어휘

여기는 어디입니까?
리에는 무엇을 하고 있습니까?

CD1:52~53

리에 실례합니다. 이 약도에 있는 놀이 공원이 어디인가요?

학생 저기 산이 보이는 곳이에요.

리에 가까워 보이는데 버스를 타야 합니까?

학생 아니요, 걸어서 15분쯤만 가면 돼요.

리에 길 좀 가르쳐 주시겠어요?

학생 똑바로 가다가 사거리에서 오른쪽으로 가세요. 첫 번째 횡단 보도를 건너서 쭉 가면 돼요.

약도 sketch map
보이다 to be visible
똑바로 directly, straight
사거리 intersection
쭉 straight, continuously

어휘

01 교통표지판입니다.

횡단보도

어린이 보호

좌회전

우회전

유턴

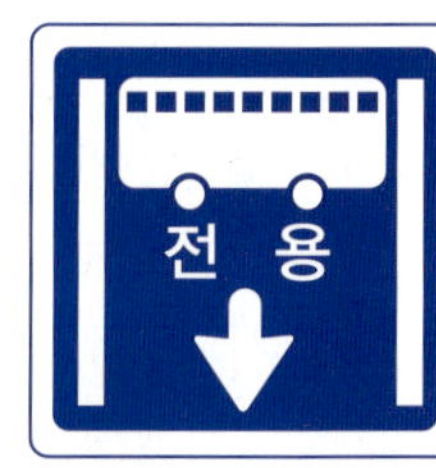

버스 전용차로

일방통행

보행자 통행금지

주차금지

02 이 설명은 어떤 교통표지판의 설명입니까? 그림을 보고 쓰십시오.

1) 사람들이 길을 건너는 곳입니다. 조심하십시오. (**횡단보도**)
2) 어린이들이 다니는 길입니다. 조심하십시오. (   )
3) 여기에서는 오른쪽으로 갈 수 있습니다. (   )
4) 이 차로는 버스만 다닐 수 있습니다. (   )
5) 이 길은 한쪽 방향으로만 갈 수 있습니다. (   )
6) 여기에 차를 세우면 안 됩니다. (   )

문법 연습

-어/아/여 보이다

01 그림을 보고 대답하십시오.

[보기]

가 : 누가 더 커 보입니까?
나 : 리에가 더 커 보입니다.

❶

가 : 어느 주스가 더 많아 보입니까?
나 : ______________________

❷

가 : 어느 옷이 더 예뻐 보입니까?
나 : ______________________

❸

가 : 어느 방이 더 좋아 보입니까?
나 : ______________________

❹

가 : 우리 선생님 첫인상이 어때요?
나 : ______________________

❺

가 : 이 가방이 어때요?
나 : ______________________

-다가

02 그림을 보고 문장을 만드십시오.

[보기]

아이가 놀이터에서 놀다가 넘어져서 웁니다.

❶

❷

❸

❹

❺

과제 1 말하기

친구에게 설명하십시오.

[보기] 가: 1번에 있는 사람이 백화점에 어떻게 가야 합니까?
나: 똑바로 가다가 사거리에서 오른쪽으로 가세요. 조금만 더 가면 오른쪽에 커피숍이 있어요. 커피숍 앞에 있는 횡단보도를 건너서 오른쪽으로 5분쯤 가면 백화점이 있어요.

1) 1번에 있는 사람이 볼링장에 어떻게 가야 합니까?
2) 2번에 있는 사람이 극장에 어떻게 가야 합니까?
3) 3번에 있는 사람이 경찰서에 어떻게 가야 합니까?
4) 4번에 있는 사람이 책방에 어떻게 가야 합니까?
5) 5번에 있는 사람이 놀이터에 어떻게 가야 합니까?

볼링장 bowling alley **경찰서** police station **놀이터** playground

과제 2 쓰기

여러분의 집 약도를 그리고 가는 방법을 쓰십시오.

그리다 to draw a picture

Dialogue

Rie	Excuse me. Where is the amusement park on this map?
Student	Over there. The place where you can see the mountain.
Rie	It looks close but do I have to take a bus?
Student	Not really. It takes only about 15 minutes by foot to get there.
Rie	Can you tell me the way, please?
Student	Go straight and turn right at the intersection. Cross the road at the first crossing road and keep going until you get there.

문법 설명

01 -어 보이다

It is used together with a descriptive verb and it shows what the speaker is thinking as the speaker sees a certain situation. 'A가 B보다 크다' means A is bigger than B as an actual fact. 'A가 B보다 커 보입니다' means that the speaker thinks A is bigger than B from the speaker's view point.

- 이 학교는 정말 좋아 보여요. — This school looks great.
- 미선 씨는 나이보다 어려 보여요. — Miseon looks younger than her age.
- 오늘은 청바지를 입으니까 편해 보이네요. — You look comfortable wearing blue jeans today.
- 그 남자는 바보 같아 보이지만 사실은 아주 똑똑해요. — The man is actually smart although he looks like a fool.

02 –다가

It is used together with an action verb and it shows a new performance takes place without the action of the verb completed. For instance, if you got the phone at the time of eating the meal, you may say '밥을 먹다가 전화를 받았어요'. The subjects from the first and the second clauses are the same because a person does the both actions.

- 잠을 자다가 깼어요. — I got up while I was sleeping.
- 운동을 하다가 쉬고 있어요. — I am taking a rest from working out.
- 영화를 보다가 재미없어서 나왔어요. — I stopped watching the movie and left because it was not interesting.
- 하숙집에 살다가 기숙사로 이사했어요. — I moved to a dormitory after living in a boarding house a while there.

05 정리해 볼까요?

01 발음을 연습합시다. [CD1:54]

경복궁역까지 얼마나 걸려요?

파란색 272번 버스를 타세요

반대쪽 승강장으로 가셔야 돼요

첫 번째 횡단보도를 건너서 쭉 가면 돼요

02 맞는 단어를 쓰십시오.

정리

〈가로 열쇠〉

① 지하철역에서 아파트, 집 근처의 길 등 가까운 거리를 다니는 버스입니다.

② 버스나 지하철에서 내리는 것입니다.

③ 이곳에 주차를 하면 안 됩니다.

④ 지하철 승강장에 있는 문인데 열차의 문이 열릴 때 같이 열려요.

⑤ 서울에서 첫 번째로 만들어진 지하철이에요. 서울역, 종로역, 청량리역이 있어요.

⑥ 버스나 지하철이 가는 길을 보여주는 그림이에요.

〈세로 열쇠〉

❶ KTX보다는 느리지만 무궁화호보다는 빨라요.

❷ 사람들이 탈 수 있는 여러 개의 차를 연결해서 움직이는 기차예요.

❸ 버스만 다닐 수 있는 길이에요.

❹ 이 버스는 시내만 다녀요.

❺ 차가 한쪽 방향으로만 갈 수 있어요. 반대쪽에서 차가 오면 안 돼요.

❻ 운전할 때 어린이를 조심하세요. 학교 앞 도로에 이 표시가 많아요.

❼ 어린이나 노인들, 몸이 아픈 사람을 위한 자리입니다.

❽ 지하철 승강장에 있는 노란선이에요. 열차가 올 때 이 선 뒤로 가야 해요.

정리

03 대화를 만드십시오.

[보기] 가 : 월드컵 경기장에 어떻게 가는지 알아요?
나 : 월드컵 경기장에 가려면 택시나 지하철을 타세요.
가 : 버스는 없나요?
나 : 미안합니다. 몇 번 버스가 가는지 몰라요.

1) 가 : ______________ 는지 알아요?
나 : ______________ 으려면/려면 ______________ 이나/나
______________ 으세요/세요.
가 : ______________ 나요/은가요/ㄴ가요?
나 : 미안합니다. ______________ 는지/은지/ㄴ지 몰라요.

[보기] 가 : 신촌백화점이 어디에 있는지 알아요?
나 : 네, 알아요. 이 길로 똑바로 가다가 오른쪽으로 100미터정도 더 가세요.

2) 가 : ______________ 는지 알아요?
나 : 네, 알아요. ______________ 다가 ______________ 으로/로
______________ 으세요/세요.

[보기] 가 : 미용실에 갔다가 왔어요.
나 : 정말 예뻐 보여요.

3) 가 : ____________ 었다가/았다가/였다가 ____________

나 : ____________ 어/아/여 보여요.

04 어떻게 가면 제일 편리합니까?

[보기] 〈신촌 ➔ 홍대〉

교통 수단	요금	〈단점〉
지하철	1,000원(10분)	계단을 내려가고 올라가야 합니다.
버스	1,000원(13분)	자주 오지 않습니다.
택시	3,000원(7분)	비쌉니다.

저는 오늘 다리가 아파서 계단을 내려가기 어렵습니다. 그렇지만 택시는 비쌉니다. 그래서 저는 조금 기다려야 하지만 버스를 타고 홍대에 가겠습니다.

1) 〈서울 ➔ 부산〉

교통 수단	요금	〈단점〉
KTX	51,200원(2시간 40분)	거꾸로 앉아서 가면 머리가 아픕니다.
새마을호	41,100원(4시간 40분)	KTX보다 시간이 오래 걸립니다.
무궁화호	27,700원(5시간 20분)	중간에 서는 곳이 많아서 제일 오래 걸립니다.

2) 〈마포 ➔ 대학로〉

교통 수단	요금	〈단점〉
지하철	1,100원(30분)	한 번 갈아타야 합니다.
버스	1,100원(25분→60분)	도착 시간이 정확하지 않습니다.
택시	6,500원(17분)	비쌉니다.

3) 〈어학당 ➔ 백화점〉

교통 수단	요금	〈단점〉
버스	1,000원(10분)	계단을 내려가고 올라가야 합니다.
걸어서 1 (정문으로 해서)	0원(35분)	정문으로 가려면 언덕을 지나가야 합니다.
걸어서 2 (신촌 기차역으로 해서)	0원(25분)	횡단보도를 세 번 건너야 합니다.

4) 〈서울 ➔ 도쿄〉

교통 수단	요금	〈단점〉
비행기	550,000원(2시간)	공항에 3시간 전에 나가야 합니다.
배	300,000원(5시간)	부산까지 가야 합니다.
해저 기차	400,000원(4시간)	만든 지 한달 되었습니다.

느리다 to be slow **연결하다** to connect **단점** demerit **계단** stairs **거꾸로** up side down **중간** in the middle
제일 the most **정확하다** to be accurate **정문** front gate **언덕** hill **해저** the bottom of the sea

리에가 본 한국

서울의 버스 [CD1:55]

저는 서울에서 이곳저곳 많이 다닙니다. 버스를 타면 시내 구경도 할 수 있습니다. 처음에는 버스 번호가 무슨 의미를 가지고 있는지 잘 몰라서 어려웠어요. 그런데 번호의 의미를 알았어요. 이제는 다른 동네에 가려면 몇 번 버스를 타야 하는지 알 것 같아요.

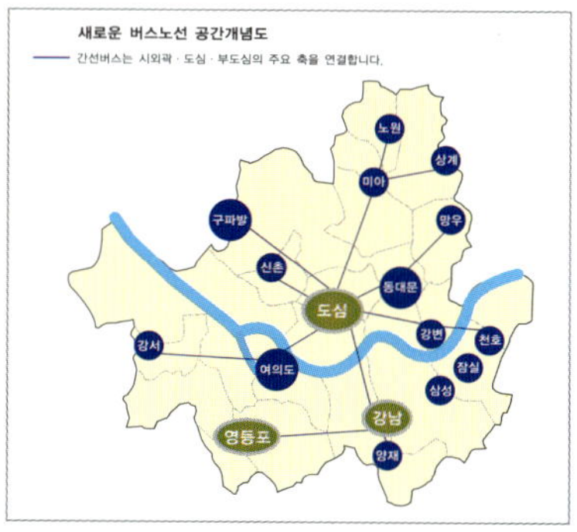

서울시 버스에는 네 가지가 있습니다. 파란색 버스는 간선버스(BLUE BUS)인데, 보통 서울시 안에서 주변과 시내를 연결해 주는 버스입니다. 버스 번호는 3자리 숫자로 되어 있습니다. 처음 숫자는 출발하는 곳, 두 번째 숫자는 도착하는 곳, 그리고 세 번째 숫자는 그 버스의 고유한 번호입니다.

빨간색 버스는 광역버스(RED BUS)인데, 서울과 서울 주변의 경기도를 연결해 주는 버스입니다. 버스 번호는 4자리 숫자로 되어 있습니다. 처음 숫자는 경기도 어느 지역에서 서울로, 또는 서울에서 어느 지역으로 가는지 알려주는 번호이고, 두 번째는 출발하는 곳, 뒤의 두 숫자는 그 버스의 고유한 번호입니다.

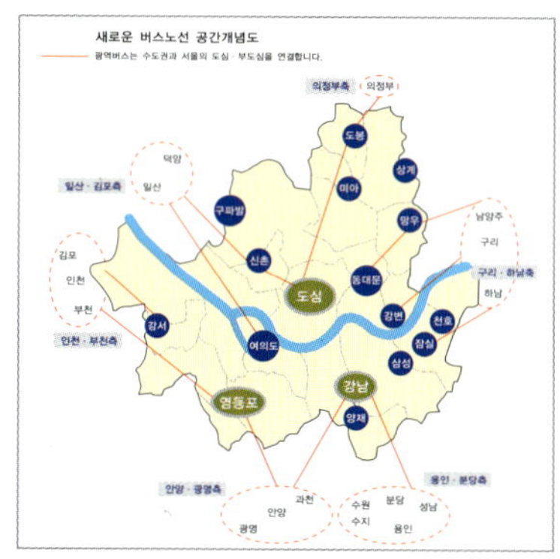

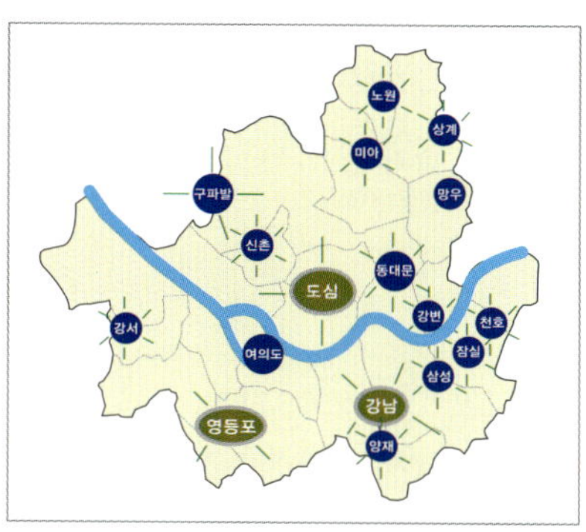

녹색 버스는 지선버스(GREEN BUS)인데, 보통 파란색 버스와 지하철을 연결해 주는 버스입니다. 버스 번호는 4자리 숫자로 되어 있습니다. 처음 숫자는 출발하는 곳, 두 번째 숫자는 도착하는 곳이고, 뒤의 두 숫자는 그 버스의 고유한 번호입니다.

노란색 버스는 순환버스(YELLOW BUS)인데, 보통 시내의 일부 지역을 돌거나 가까운 쇼핑 지역을 돌아다니는 버스입니다. 버스 번호는 2자리 숫자로 되어 있습니다. 처음 숫자는 그 버스가 다니는 지역 번호, 두 번째 숫자는 그 버스의 고유한 번호입니다.

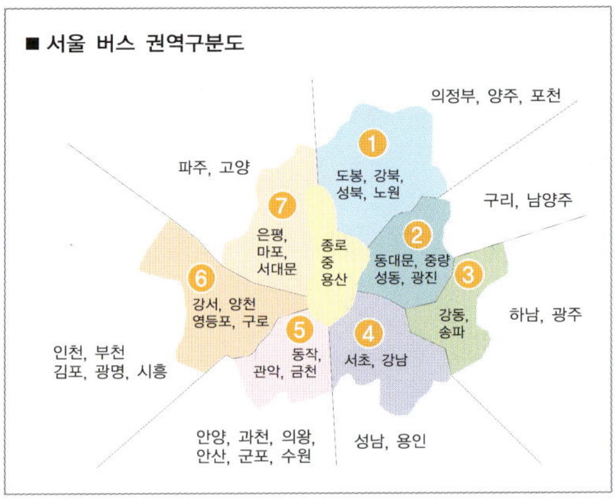

번호	지역
0	종로, 중, 용산
1	도봉, 강북, 성북, 노원
2	동대문, 중랑, 성동, 광진
3	강동, 송파
4	서초, 강남
5	동작, 관악, 금천
6	강서, 양천, 영등포, 구로
7	은평, 마포, 서대문

BLUE BUS 파랑(간선)버스

동북권을 출발하여 도심에 도착하는 일련번호 1번 간선버스

3 4 0 ---- 노선일련번호(0~9)
- 4: 도착지 권역구분번호
- 3: 출발지 권역구분번호

GREEN BUS 초록(지선)버스

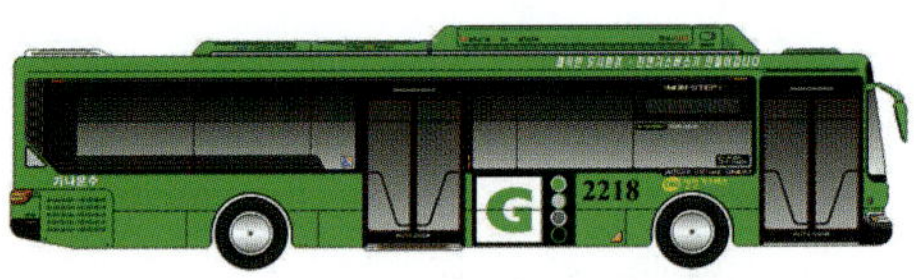

동북권역 출발하여 동부권역에 도착하는 일련번호 12번 지선버스

2 2 1 8 ---- 노선일련번호(11~99)
- 2: 도착지(동북) 권역구분번호
- 2: 출발지(동북) 권역구분번호

RED BUS 빨강(광역)버스

의정부, 양주, 포천을 출발하여 도심에 도착하는 일련번호 12번 광역버스

9 7 0 5 ---- 노선일련번호(0~99)
- 7: 출발지(의정부 등) 권역구분번호
- 9: 광역버스 구분번호(9번)

YELLOW BUS 노랑(순환)버스

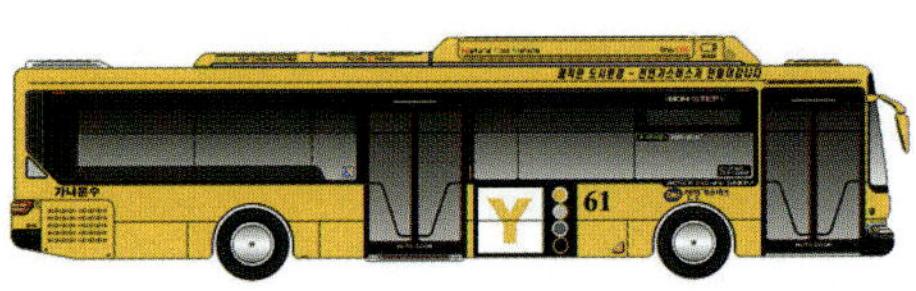

강남권역을 순환하는 일련번호 1번 도심 순환버스

6 1
- 1: 노선일련번호(1~9)
- 6: 권역구분번호

어때요? 어렵지 않죠? 서울시 버스를 잘 알고 버스를 타면 더 재미있고 편할 거예요. 앞으로 서울에서 이곳저곳 갈 때에는 저처럼 버스를 타 보세요.

- 여러분 집 앞에는 어떤 버스가 있습니까?

동네 neighborhood **주변** surroundings **고유하다** to be unique **지역** area
알려주다 to inform **녹색** green **일부** part

듣기 지문

듣기 지문

1과 2항 과제 2

세르게이　아야코 씨는 어느 나라에서 왔어요?

아야코　저는 일본에서 왔어요. 세르게이 씨는 러시아 사람이지요?

세르게이　네, 저는 대학교에서 신문방송학을 공부하고 있어요. 앞으로 좋은 텔레비전 프로그램을 만들고 싶어요. 아야코 씨는 전공이 뭐예요?

아야코　저는 경제학을 전공했어요.

세르게이　그래요? 그럼 졸업 후에 회사에 취직할 거예요?

아야코　네, 일본 회사나 한국 회사에 취직하고 싶어요.

세르게이　그런데 책상에 있는 이 사진은 뭐예요?

아야코　아, 네. 작년 바이올린 연주회 때 찍은 사진이에요. 어렸을 때부터 바이올린 켜기를 좋아해서 가끔 연주회도 해요.

세르게이　그렇군요. 저는 축구를 좋아해서 토요일 아침마다 친구들과 같이 축구를 해요.

아야코　그래요? 저는 축구를 구경하는 건 좋아하지만 직접 하지는 못해요.

세르게이　아, 저는 학교 기숙사에 사는데 아야코 씨는 어디에서 살아요?

아야코　저도 기숙사에 살았는데 지난달에 하숙집으로 이사했어요.

세르게이　제 친구도 지금 하숙집을 찾고 있는데 아야코 씨 하숙집이 좋으면 좀 소개해 주세요.

아야코　네. 알겠어요.

2과 3항 과제 2

1. 카레(curry)를 먹어 보았습니까? 이 음식은 양고기, 닭고기, 생선 등 여러 가지로 만들 수 있습니다. 소스는 양파, 토마토, 요구르트와 카레를 넣어서 만듭니다. 카레는 맵지 않은 맛과 중간 매운맛, 매운맛이 있습니다. 카레는 건강에 좋습니다. 그리고 인도에서는 카레를 오른손으로 먹습니다.

2. 파스타(pasta)는 이탈리아 음식입니다. 면은 여러 가지 모양이고, 소스도 여러 가지입니다. 면 이름도 다 다릅니다. 스파게티, 링귀니, 라자냐, 펜네 등이 있습니다. 만드는 방법은 여러 가지가 있습니다. 보통은 끓는 물에 소금을 넣고 면을 삶습니다. 그리고 올리브 오일, 버터, 생크림과 생선, 고기, 계란, 치즈, 채소 등 자기가 좋아하는 소스를 만들어서 면과 같이 먹습니다.

3. 돈가스(豚カツ)는 돼지고기를 두껍게 잘라서 칼로 부드럽게 만듭니다. 그 다음에 소금과 후춧가루를 뿌립니다. 그 위에 밀가루와 달걀, 빵가루를 묻혀서 기름에 튀깁니다. 서양의 포크커틀릿을 일본 사람들의 입맛에 맞게 바꾼 것입니다. 요즘은 소고기, 닭고기, 생선 등 여러 가지로 만듭니다.

4. 중국에는 유명한 요리가 많습니다. 그 중에서 베이징덕을 소개하겠습니다. 베이징덕은 오리 요리입니다. 오리에 기름을 바르고 불에 굽습니다. 껍질이 잘 익을 때까지 잘 굽습니다. 잘 구운 오리를 양념과 파와 함께 얇은 전병(煎餅, pancakes)에 싸서 먹습니다.

5. 갈비찜은 소갈비를 양념해서 만든 요리입니다. 간장과 설탕, 파와 마늘, 생강, 참기름 등으로 소스를 만들어서 고기와 같이 넣고 오랫동안 끓입니다. 다 끓인 후에 밤, 당근, 달걀, 버섯 등을 넣어서 여러 색깔로 꾸밉니다. 그리고 오랫동안 약한 불에 끓입니다. 오래 끓이면 고기가 더 부드럽게 됩니다. 이 음식은 한국의 전통 요리입니다.

듣기 지문

3과 3항 과제 2

1. 지금부터 바나나를 세일합니다. 조금 전까지 바나나 한 송이에 2,000원이었는데, 지금부터 1,000원에 드리겠습니다. 어린이들과 노인들에게 인기가 많은 바나나가 한 송이에 1,000원, 1,000원입니다. 어서 오세요.

2. 오늘은 일년 중에서 가장 더운 날입니다. 오늘은 무슨 음식을 먹는지 모두 아시죠? 네, 맞습니다. 오늘은 삼계탕을 먹는 날입니다. 삼계탕에 필요한 닭, 쌀, 인삼, 대추를 모두 넣어서 5,000원에 드립니다. 일로 지친 남편에게, 공부하는 아이들에게 삼계탕을 준비해 주세요. 자, 10개 남았습니다. 빨리 오세요.

3. 생선 코너에서 말씀드리겠습니다. 문을 닫을 시간이 얼마 남지 않았습니다. 지금부터 두 마리에 만 원인 갈치를 네 마리에 만 원, 네 마리에 만 원으로 드리겠습니다. 다섯 분께만 기회를 드리겠습니다. 빨리 사 가세요.

4. 오늘은 날씨가 아주 덥지요? 이 더운 날씨를 시원하게 만들어 줄 아이스크림을 세일해 드리겠습니다. 지금부터 연세 아이스크림을 네 개에 1,000원씩 드립니다. 아무거나 고르십시오. 시원한 아이스크림으로 시원한 하루를 보내세요.

5. 채소 코너에서 5분 동안 세일을 하겠습니다. 한 통에 1,000원인 양배추를 지금부터 한 통에 500원, 한 통 500원에 드리겠습니다. 또 세 개 천 원인 당근을 다섯 개 천 원에 드립니다. 빨리 오셔서 사시기 바랍니다.

4과 4항 과제 2

1. 우리 모임은 재즈 댄스를 사랑하는 사람들의 모임입니다. 우리 모임에 오시면 재즈 댄스를 배울 수 있습니다. 그리고 재즈 댄스를 잘 하고 싶어서 발레와 현대 무용도 함께 배웁니다. 이 모임의 대표는 5년 동안 재즈 댄스를 한 사람입니다. 춤도 잘 추고, 다른 사람들에게 친절하게 잘 가르쳐 주는 사람입니다. 재즈 댄스에 관심이 있는 분은 빨리 오세요.

2. 이 모임은 같은 고등학교를 졸업한 사람들의 동문회입니다. 나이가 많은 선배부터 올해 졸업한 후배까지 많은 사람들이 모여요. 제일 나이가 많은 사람과 제일 나이가 적은 사람은 스무 살이나 차이가 나요. 그렇지만 마음은 다 같아요. 같이 등산도 가고 운동도 해요. 그리고 가끔 같이 맥주를 마시기도 하고 노래방에도 가요. 선배와 후배의 정을 느낄 수 있는 좋은 모임입니다.

3. 겨울 스포츠의 꽃인 스키를 같이 탑시다. 우리 모임은 '스키 동호회' 입니다. 함께 스키도 배우고 친구들도 사귀고 싶어서 만든 모임입니다. 스키는 겨울에만 탈 수 있으니까 다른 계절에는 수영이나 수상 스키 등 다른 스포츠를 하면서 서로 더 친해질 수 있습니다.

4. 그림 그리는 것을 좋아하세요? 주말에 그림을 좋아하는 사람들이 함께 모여서 여러 가지 그림을 그립니다. 좋은 경치를 그리기도 하고, 사람들을 그리기도 하고 여러 가지 물건을 그리기도 합니다. 좋은 그림을 많이 그리면 12월에는 전시회도 하려고 합니다.

듣기 지문

5과 3항 과제 2

[보기]

오늘도 저희 지하철을 이용해 주셔서 감사합니다.
이 열차는 청량리 행 열차입니다.
안양, 구로, 서울역 방면으로 가실 손님은 열차를 타시기 바랍니다.

1. 이번역은 종각, 종각역입니다. 내리실 문은 왼쪽입니다.

2. 이번역은 신길, 신길역입니다. 내리실 문은 왼쪽입니다.
방화나 상일동, 마천 방면으로 가실 손님은 이번역에서 5호선으로 갈아타시기 바랍니다.

3. 이번역은 이 열차의 종착역인 청량리, 청량리역입니다.
성북, 의정부 방면으로 가실 손님은 이번 역에서 열차를 갈아타시기 바랍니다.
내리실 때에는 차안에 두고내리는 물건이 없는지 다시 한번 살펴보시기 바랍니다.
안녕히 가십시오. 고맙습니다.

4. 이 역은 타는 곳과 열차 사이가 넓습니다. 내리고 타실 때에 조심하시기 바랍니다.

5. 손님 여러분, 출입문이 닫힐 때에는 무리하게 타지 마시고, 출입문에 기대거나 손을 짚으면 다칠 위험이 있사오니, 주의하시기 바랍니다.

6. 주변에 노약자, 장애인이 서 있으면 자리를 양보합시다.

색인

- 문법 색인
- 어휘 색인

문법 색인

ㅈ

어휘 색인

ㅂ

바구니	3과	4항	기본대화
바닷가	1과	4항	기본어휘
박수를 치다	4과	1항	기본어휘
반대	5과	3항	기본대화
반대로	1과		문화
반상회	4과	4항	기본어휘
반지	3과	4항	기본어휘
반찬	2과	1항	기본대화
발효 식품	2과		문화
밝다	2과	1항	문법설명
밥그릇	2과	4항	기본어휘
방	4과	2항	기본어휘
방법	1과		문화
방송	5과	3항	과제
배낭	3과	1항	과제
배달하다	3과	3항	기본대화
버스 전용차로	5과	4항	기본어휘
번	5과	1항	기본대화
벗기다	2과	3항	과제
벗다	5과	3항	문법설명
베란다	4과	2항	기본어휘
벨	5과	2항	기본어휘
벽	2과	3항	문법설명
별로	4과	3항	기본대화
별일 없다	4과	1항	문법설명
보석	3과	항	문화
보이다	5과	4항	기본대화
보통	5과	2항	기본대화
보행자 통행금지	5과	4항	기본어휘
볶다	2과	3항	기본어휘
볼링장	5과	4항	과제
봉투	3과	3항	기본대화
부드럽다	2과	2항	과제
부엌	4과	2항	기본어휘
부케	4과	3항	기본어휘
부탁하다	1과	1항	기본대화
분당	5과	2항	과제
분홍색	3과	2항	과제
불	2과	5항	정리
불다	4과	1항	기본어휘
불편하다	3과	5항	정리
뷔페	4과	1항	과제
블라인드	4과	2항	과제
비누	3과	4항	과제
비비다	2과	1항	기본어휘
비빔밥	2과	2항	기본어휘
뿌리다	2과	1항	기본어휘

ㅅ

사거리	5과	4항	기본대화
사귀다	1과	3항	기본대화
사촌	1과	3항	기본어휘
살아나다	4과	5항	정리
삶다	2과	3항	기본어휘
삼촌	1과	3항	기본어휘
새	1과	4항	과제
새마을호	5과	1항	기본어휘
새우	2과	3항	과제
샐러드	2과	2항	기본어휘
생수	3과	4항	과제
생활용품	3과	3항	기본어휘
샤브샤브	2과	1항	과제
서두르다	4과	3항	기본대화
서류 가방	3과	1항	과제
서명하다	3과	3항	기본대화
서비스	3과	4항	과제
서울 타워	5과	1항	과제
서재	4과	2항	기본어휘
설렁탕	2과	1항	기본대화
설명하다	2과	3항	과제

ㅈ